Die alten Obstsorten

Sofia Blind

Die alten Obstsorten

Von Ananasrenette
bis Zitronenbirne

GESCHICHTEN,
REZEPTE UND
ANBAUTIPPS

Inhalt

6 **Vorwort**
8 **Die Geschichte der alten Obstsorten**

Äpfel
18 Ananasrenette
20 Blutapfel
22 *Historische Originalbäume*
23 Flower of Kent
24 Gloria Mundi
26 Goldparmäne
28 Graue Renette
30 Gravensteiner
32 *Regionale alte Sorten*
33 Herbstprinz
34 Klarapfel
36 Kleiner Api
38 Königlicher Kurzstiel
40 *Die Sämlingslotterie*
41 Korbiniansapfel
42 Rote Sternrenette
44 Roter Bellefleur
46 Schöner von Boskoop
48 *Verschollene Sorten*
49 Sertürners Renette
50 Sternapfel
52 Trierer Weinapfel
54 Weißer Winterkalvill
56 *Weitere empfehlenswerte Sorten*

Aprikosen & Pfirsiche
60 Aprikose von Nancy
62 Roter Weinbergpfirsich
64 Venusbrust
66 *Weitere empfehlenswerte Sorten*

Beeren
70 Johannisbeere Weiße Kaiserliche
72 Moschuserdbeere Capron royal
74 Stachelbeere Early Green Hairy
76 Weiße Himbeere
78 *Weitere empfehlenswerte Sorten*

Birnen
82 Blutbirne
84 Dumonts Butterbirne
86 Forellenbirne
88 Frauenschenkel
90 Großer Katzenkopf
92 *Nomen est omen*
93 Gute Luise von Avranches
94 Kleine Muskatellerbirne
96 *Die Birne des Herrn von Ribbeck*
97 Römische Schmalzbirne
98 Schweizerhose
100 Stuttgarter Gaishirtle
102 Williams Christbirne
104 Winterapothekerbirne
106 Zitronenbirne
108 *Weitere empfehlenswerte Sorten*

110 **Kirschen**
112 Große Schwarze Knorpelkirsche
114 Holländische Große Prinzessinkirsche
116 *Kirschen im Februar*
117 Leopoldskirsche
118 Schattenmorelle
120 *Weitere empfehlenswerte Sorten*

122 **Pflaumen**
124 Große Grüne Reneklode
126 *Die Vielfalt der alten Landpflaumen*
127 Gubener Spilling
128 Hauszwetsche
130 Königin Viktoria
132 Mirabelle von Nancy
134 *Weitere empfehlenswerte Sorten*

136 **Seltenere Obstarten**
138 Feige Violette de Bordeaux
140 Großfrüchtige Mispel
142 Krachmandel
144 Portugiesische Birnenquitte
146 Schwarze Maulbeere
148 Walnuss Bijou
150 *Weitere Empfehlungen*

152 **Obstanbau & Sortenwahl**

158 **Rezepte**

160 **Anhang**
170 **Früchte auf Papier – zur Geschichte der Pomologie**
174 Quellennachweis
178 Bildnachweis
180 Tipps & Adressen
186 Sortenregister

Vorwort

Hasenkopf und Hühnerherz. Frauenschenkel und Venusbrust. Schmalprinz und Breitarsch. Die Vielfalt unserer alten Obstsorten ist überwältigend – sage und schreibe 1424 verschiedene Äpfel, 1016 Birnen, 324 Kirschen, 251 Pflaumen und 194 Pfirsiche verzeichnet die Obstsortendatenbank, die der Bund für Umwelt und Naturschutz Deutschland (BUND) aus historischen Quellen zusammengestellt hat.

Was ist aus dieser atemberaubenden Fülle an Sorten geworden?

Viele sind verschwunden: Die Schwaneneierbirne ist ebenso verschollen wie der Schmutzbolch – ein Apfel, dem wahrscheinlich sein Name zum Verhängnis wurde. Andere Obstsorten haben es zu Weltstars gebracht, wie die Williams Christbirne oder der Gravensteiner Apfel. Manche genießen dank lokaler Rettungsinitiativen inzwischen wieder regionale Bekanntheit, wie der Finkenwerder Herbstprinz in Norddeutschland oder die Pöllauer Hirschbirne in Österreich. Und Hunderte weiterer Sortenschätze sind nach wie vor in Baumschulen und auf Streuobstwiesen zu finden.

Obstexperten, sogenannte Pomologen, katalogisierten all diese Sorten im 18. und 19. Jahrhundert (mehr dazu ab S. 170). Ursprünglich war der Begriff »Pomologie«, also »Wissenschaft von den Äpfeln«, nur als Wortspiel gedacht gewesen, aber noch heute steht er für die Beschäftigung mit alten Obstsorten. Dabei ist eine Obst*sorte* die gezüchtete Variante einer botanischen Obst*art* wie Apfel, Birne oder Aprikose. Und unter einer *alten* Obstsorte versteht man üblicherweise eine Sorte, die vor hundert Jahren oder früher entstanden ist.

Über fünfzig dieser alten Sorten werden in diesem Buch ausführlich porträtiert, mehr als hundert weitere kurz vorgestellt: Kernobst wie Äpfel und Birnen, Steinobst wie Aprikosen, Kirschen, Pfirsiche und Pflaumen, außerdem alte Beerensorten sowie seltenere Arten wie Feigen, Mandeln, Maulbeeren, Mispeln und Walnüsse.

Darunter sind uralte Sorten wie der Kleine Api, den schon die Römer kannten, aber auch neuere wie der Korbiniansapfel, der während des Zweiten Weltkriegs in einem KZ entstand, Früchte der Fürstengärten wie der Königliche Kurzstiel und robustes Bauernobst wie die Hauszwetsche. Und all diese Sorten haben ihre eigenen Geschichten – Geschichten von Physikstudenten auf der Flucht (Newtons Apfel), von Übersee-Expeditionen und zwielichtigen Kaiserinnen (Gloria Mundi), von reisenden Mönchen (Graue Renette) und von mildtätigen Damen (Gute Luise von Avranches).

Wie die alten Obstsorten überhaupt aus dem fernen Asien in unsere Gärten kamen, mit Umwegen über Griechenland und Rom, wird auf den nächsten Seiten erzählt. Und wie wir sie dort nutzen können – als robuste, schöne und appetitliche Gehölze für große und kleine Gärten, für Balkons und Streuobstwiesen – erläutert das Kapitel zum Obstanbau (siehe S. 152–157); danach folgen einige klassische Rezepte zum Verarbeiten der frisch geernteten Delikatessen.

Aber warum sollte man überhaupt alte Sorten pflanzen?

Alles schön und gut, kann man da nur antworten: Schön sind unsere alten Obstsorten, mit ihren knorrigen Bäumen und zarten Blüten, mit ihren wunderlichen Formen, ihren außergewöhnlichen Farben, ihren Beulen und Dellen – nicht nur auf den prächtigen Abbildungen vergangener Jahrhunderte, sondern auch auf jedem Obstteller. Gut sind sie auch: Sie schmecken gut, mit einer verblüffenden Auswahl aufregender Aromen jenseits der uniform süßlichen Supermarktfrüchte. Und sie tun Gutes – sie bewahren einen kostbaren Genpool für robuste Lebensmittel der Zukunft und liefern Früchte, die selbst für Allergiker verträglich sind. Vor allem aber sichern sie den Fortbestand eines der artenreichsten Biotope Europas, der Streuobstwiesen mit ihren Hochstamm-Obstbäumen, und helfen damit unseren gefährdeten Wildblumen und Reptilien, Vögeln und Fledermäusen, Bienen und Schmetterlingen.

Wer alte Obstsorten pflanzt, kauft oder isst, macht also nicht nur sich selbst eine Freude, sondern trägt gleichzeitig zum Erhalt eines kulinarischen und ökologischen Schatzes bei.

Die Geschichte der alten Obstsorten

DIE URSPRÜNGE
Obst aus dem Paradiesgarten

Der Garten Eden muss in Kasachstan liegen – jedenfalls, wenn Eva Adam tatsächlich einen Apfel reichte und nicht etwa eine Feige oder einen Granatapfel, wie manche Theologen vermuten. Aus Kasachstan, genauer gesagt: dem Dsungarischen Alatau-Gebirge, stammt nämlich der wohlschmeckende Wildapfel *Malus sieversii*, Urahn unserer heutigen Kultursorten, und passenderweise trug die kasachische Landeshauptstadt bis vor wenigen Jahren den Namen Alma-Ata, »Großvater der Äpfel«. Aber wo auch immer das biblische Paradies gelegen haben mag (heutige Forscher verorten es wahlweise im Iran oder im Irak): Ein Obstgarten war es zweifellos, denn unser Wort »Paradies« stammt vom altpersischen *paridaida*, »ummauerter Garten« ab.

Und nicht nur der Paradiesapfel kommt aus dem Osten. Praktisch alle Obstarten, die heute bei uns angebaut werden, sind von dort aus nach Europa eingewandert: Die Wildformen von Birnen, Kirschen, Quitten und Pflaumen stammen aus Westasien, genau wie die Mispeln, die ihren lateinischen Namen *Mespilus germanica* zu Unrecht tragen. Aprikosen und Pfirsiche, die irreführend *Prunus armeniaca* und *Prunus persica* – armenische und persische Pflaume – genannt werden, dürften in Wahrheit aus China stammen.

Ihren Weg nach Westen fanden all diese Obstarten entlang der alten Seidenstraße. Man nimmt an, dass Reisende Obst als Wegzehrung einsteckten und die Kerne nach dem Essen am Wegesrand wegwarfen – so säten sie junge Bäume aus. Jahre später nahmen andere Wanderer die Früchte dieser Bäume mit und trugen sie weiter nach Westen, sodass das Wildobst im Lauf der Zeit immer weiter gen Europa vordrang.

FRÜCHTE DER ANTIKE
Barbarische Birnen, lukullische Kirschen

»Birnen reifen auf Birnen, auf Äpfel röten sich Äpfel, Trauben auf Trauben erdunkeln, und Feigen schrumpfen auf Feigen.« So beschrieb der griechische Dichter Homer um 800 v. Chr. den Garten des Königs Alkinoos, der Tafelobst, Wein und Dörrfeigen lieferte – und die Reaktion eines berühmten Helden: »Lange stand bewundernd der herrliche Dulder Odysseus.« Die Kunst des Obstbaus hatten die Griechen bei ihren Eroberungszügen in Persien kennengelernt; im antiken Griechenland war sie schon hoch entwickelt. Neben Äpfeln und Birnen wurden vor allem Feigen und Granatäpfel kultiviert, und Früchte dienten nicht nur als Tafelobst, sondern auch als Heilmittel: Der bis heute berühmte Arzt Hippokrates empfahl beispielsweise säuerliche Äpfel als Medizin gegen Verstopfung.

Erst die Römer begannen systematisch, Obstsorten zu sammeln und zu vermehren. Der Feldherr Appius Claudius Caecus soll um 300 v. Chr. die wohl nach ihm benannte Apfelsorte »Kleiner Api« (siehe S. 37) von einem seiner Feldzüge aus dem Osten mitgebracht haben, und auch die Süßkirsche wurde von den Römern in Italien eingeführt: Der Konsul und Feinschmecker Lucius Licinius Lucullus, Namensgeber der »lukullischen Freuden«, brachte im Jahr 74 v. Chr. einige Kirschbäumchen aus dem kleinasiatischen Ort Kerasos mit nach Rom und taufte die Früchte nach ihrer Herkunft *cerasum* – daraus entstand unser heutiges Wort »Kirsche«. Mit den Eroberungszügen der Römer wanderte ihr Obst dann nach Mitteleuropa – auch in Gallien, Germanien oder Helvetien gehörten die sogenannten Baumgärten zum Luxusinventar römischer Villen.

Die Römer kultivierten aber nicht nur Äpfel und Kirschen. Plinius der Ältere zählte in seiner *Naturgeschichte* schon um 77 n. Chr. eine Vielzahl von Gartenfrüchten auf, darunter Quitten, Pfirsiche, Pflaumen, Äpfel, Birnen, Feigen, Mispeln, Speierlinge, Nüsse, Kastanien, Maulbeeren, Trauben und Kirschen. Die von Plinius beschriebenen 29 Apfel- und 41 Birnensorten sind heute allerdings kaum noch zu identifizieren: Die »Kräuterbirne« ist ebenso im Nebel der Jahrtausende verschwunden wie der »Scheibenapfel«, die »barbarische Birne« oder der »sceptianische Apfel«. Viele seiner Gartentipps sind dagegen noch aktuell – er beschrieb, wie Obstsorten durch Aufpfropfen vermehrt werden können und gab nützliche Ratschläge, beispielsweise, dass Fallobst und gepflückte Früchte getrennt aufbewahrt werden sollten, am besten einzeln auf trockenem

Stroh ausgelegt. Andere Empfehlungen jener Zeit muten dagegen skurril an: Die *Geoponica,* antike Schriften zur Landwirtschaft, rieten dazu, Apfelbäume mit Urin zu gießen – dadurch, so hieß es, könne man die Äpfel rot färben.

MITTELALTERLICHER OBSTBAU
Pelzbücher für Adel und Klerus

»Pelzbücher« hießen die ersten deutschsprachigen Schriften zum Obstbau, denn im Mittelalter griff man das zwischenzeitlich fast vergessene Obstwissen der Römer wieder auf, inklusive des zugehörigen Vokabulars: »Pelzen« nannte man das Veredeln von Obstbäumen, abgeleitet vom lateinischen Verb *peltare.* »Gepelzt« wurde in den Adelsgärten und insbesondere in den Klöstern, die nicht nur Kräuter, sondern auch Obst und Gemüse anbauten. Auf dem berühmten St. Galler Klosterplan, der um 820 n. Chr. entstand, sind im sogenannten Baumgarten des Klosters 13 verschiedene Obstarten verzeichnet; außerdem diente er als Friedhof für verstorbene Mönche. Auch andere Abteien kultivierten Äpfel, Birnen und andere Früchte, und mit den zahlreichen neu gegründeten Tochterklöstern verbreiteten sich Sorten wie die Graue Renette (siehe S. 29) über ganz Europa.

Gleichzeitig bemühten sich weltliche Herrscher wie Karl der Große, den Obstbau zu fördern. In seiner um 800 erlassenen Landgüterverordnung schrieb er seinen Gutsverwaltern mit Hilfe detaillierter Listen vor, welche Pflanzen auf den kaiserlichen Ländereien zu kultivieren seien: Neben zahlreichen Kräutern und Gemüsesorten gehörten dazu 18 verschiedene Obstarten, darunter Apfelsorten wie die (heute verschollenen) »Gosmaringer«, »Krevedellen« und »Sperauker«.

Um die – außerhalb der Adels- und Klostergärten noch relativ seltenen – Obstbäume zu schützen, wurden außerdem drastische Strafen gegen den sogenannten Baumfrevel verhängt. Wer einen fruchttragenden Baum fälle, so drohte beispielsweise das Schaumburger Landrecht, solle bei lebendigem Leib an dessen Stamm festgenagelt werden. Solche grauenhaften Strafen scheinen allerdings eher der Abschreckung gedient zu haben; es ist kein Fall belegt, in dem sie tatsächlich vollstreckt wurden.

OBST IM ABSOLUTISMUS
Die Früchte der Fürstengärten

Künstlich Obstgarten Büchlein hieß das 1610 erschienene Werk eines illustren Gärtners: Kurfürst August zu Sachsen. Der Kurfürst und seine Frau Anna waren begeisterte Obstliebhaber; er sammelte und tauschte Edelreiser verschiedener Obstsorten mit anderen Fürsten, besorgte die Veredelung persönlich und verteilte Obstbäume in ganz Sachsen. In seinem Buch beschrieb er detailliert, wie Obstsorten durch Pfropfen vermehrt werden können, gab gute Ratschläge zum Düngen (»Das Misten bringet den Bäumen großen Nutz und Frommen«) und lieferte ein Rezept für eine »gar sehr klebende Baumsalbe«.

Andere Fürsten kümmerten sich nicht persönlich um ihre Obstgärten. Für den Küchengarten von Versailles war im 17. Jahrhundert Jean-Baptiste de La Quintinie, ein studierter Jurist, zuständig. Er entwickelte ausgefeilte Anbaumethoden, für die er Spaliermauern sowie vertiefte Pflanzflächen verwendete und ausgewählte Obstsorten gestaffelt anbaute, sodass zwölf Monate im Jahr frische Früchte für die Tafel Ludwigs XIV. zur Verfügung standen. Neben Birnen, die als das vornehmste Obst galten, kultivierte er im kühlen Pariser Klima so erfolgreich Erdbeeren und sogar Feigen, dass der König ihm zum Dank einen Adelstitel verlieh.

In den Potsdamer Schlossgärten von Sanssouci übernahm man das »Franzobst« aus Versailles; auch dort wurden französische Birnen- und Apfelsorten an Spalieren angebaut. Die größte Aufmerksamkeit aber galt den Kirschen: Friedrich Salzmann, Hofgärtner Friedrichs des Großen, kultivierte sie mit großem Aufwand in beheizten Glashäusern – eine Technik, die in Versailles noch nicht zur Verfügung gestanden hatte. Außerdem zog man Melonen in der sogenannten »Melonerie«, und selbst Südfrüchte wie Bananen, Zitronen und Orangen konnten die Könige von Preußen aus eigenem Anbau genießen.

Vielen Obstsorten ist ihr Ursprung bis heute am Namen anzusehen – die Königspflaume von Tours (siehe S. 134), die Holländische Große Prinzessinkirsche (siehe S. 115) oder der Königliche Kurzstiel (siehe S. 39) können ihre royale Herkunft nicht verleugnen.

17. UND 18. JAHRHUNDERT
Obstbäume fürs Volk

Noch um 1650 fand Obstbau vor allem in den Adels- und Klostergärten statt. Nur in den ehemals römischen Gebieten Süddeutschlands und der Schweiz gab es bäuerliche Obstgärten, und selbst diese waren durch den Dreißigjährigen Krieg weitgehend verwüstet worden.

Aufgeklärte Monarchen versuchten, das zu ändern. Der »Große Kurfürst« Friedrich Wilhelm von Brandenburg ordnete 1685 an, alle Bauern sollten mindestens vier Obstbäume pro Jahr pflanzen; ein Jahr später verfügte er, jeder Bräutigam müsse vor der Heirat je sechs Eichen und Obstbäume setzen. Diese Edikte wurden weitgehend ignoriert, und viele Bäume gingen mangels Pflege wieder ein. 1737 wollte der preußische König Friedrich Wilhelm I. den Obstbau durch noch schärfere Gesetze fördern: Er verordnete, jeder Bauer habe jährlich fünfzig Apfel- und Pflaumenbäume zu pflanzen – ein unrealistisches Dekret, weil die fürstlichen Obstbaumschulen gar nicht so viele Bäume liefern konnten.

Trotzdem verbreitete sich der Obstbau allmählich im ganzen deutschen Sprachraum, und die ersten kommerziellen Baumschulen entstanden. Eine der größten und erfolgreichsten wurde ab 1775 von Johann Caspar Schiller geleitet – heute besser bekannt als Vater des Dichters Friedrich Schiller.

DAS ZEITALTER DER POMOLOGIE
Obst als Wissenschaft und Kunst

300 Obstsorten auf einem einzigen Baum. Ein Buch über 966 Stachelbeersorten. Ein Kongress, bei dem auf 8000 Tellern Früchte präsentiert wurden. Das 19. Jahrhundert war eine Ära der Obst-Superlative – Georg Oberdiecks Veredelungsrekord, Lorenz von Pansners Stachelbeer-Monographie und die Tagung des Pomologen-Vereins im Jahr 1877 sind nur drei Beispiele für die Obstversessenheit jener Zeit.

Damals wurde die Pomologie, die Lehre von den Obstsorten, zur Wissenschaft erhoben, und vor allem Pfarrer, Lehrer und Apotheker widmeten sich ihr mit großem Eifer. Die Herren – Damen scheinen nicht dabei gewesen zu sein – züchteten, sichteten, beschrieben und benannten Tausende von Sorten. (Manche Neuheiten wie die mit Spannung erwartete Riesenkirsche »Vier auf ein Pfund« wurden ihrem Namen allerdings nicht gerecht – sie stellte sich als normal große Herzkirsche heraus.)

Zur Klassifikation der zahlreichen neuen und alten Sorten entstand eine Vielzahl von »Systemen« – sage und schreibe fünfzehn Apfelsysteme, siebzehn Birnensysteme und acht bzw. neun Kirschen- und Pfirsichsysteme wetteiferten miteinander. Man sortierte Äpfel und Birnen nach Kriterien wie Familie, Reifezeit oder Form (»breiter als hoch« oder »höher als breit«), Kirschen nach der Festigkeit ihres Fleisches und der Farbe von Frucht und Saft, Pfirsiche nach der Form ihrer Blätter und der Löslichkeit ihres Steins. Besonders kompliziert war das »Lucas-Diel'sche Doppelsystem für die Äpfel« von 1863; es umfasste 1620 verschiedene Kategorien.

Nicht nur die Sortenkunde, sondern auch die Kunst des Formschnitts erlebte im 19. Jahrhundert einen Höhepunkt: Obstbäume wurden mit Hilfe von Holzgerüsten und Drähten in Form von Pyramiden, Bechern, Fächern oder gar Ringen erzogen; eine besonders skurrile Baumform sah aus wie eine riesige Lyra. Man konstruierte Lauben mit Pfeilern und Dachstreben aus Säulenobst, umfriedete Gemüsegärten mit halbhohen Flechtzäunen aus lebenden Spalierbäumen oder legte gar »Obstbeete« an: niedrige Anpflanzungen aus sogenannten Cordonbäumen, die wie Schnüre horizontal über den Boden gezogen wurden und von Weitem aussahen wie fruchttragende Rasenflächen.

SORTENSTERBEN IM 20. JAHRHUNDERT
»Sortenwirrwarr« und »Krebsschaden«

Liebhabereien wie Sortenklassifizierung und Formschnitt fanden mit der Industrialisierung ein jähes Ende. Die rasant wachsenden Städte mussten mit Obst versorgt werden, und viele Bauernfamilien begannen, bisher als Weideland genutzte Flächen mit Obstbäumen zu bepflanzen. Insbesondere in Süddeutschland entstanden im späten 19. und frühen 20. Jahrhundert riesige neue Obstpflanzungen: Streuobstwiesen, unter deren hochstämmigen Bäumen Schafe und Kühe weiden konnten. Die Sortenvielfalt war groß; oft wurden Lokalsorten der jeweiligen Region kultiviert.

Damit war nach dem Zweiten Weltkrieg Schluss. Im Zuge des Generalobstbauplans von 1954 wurden allein in Baden-Württemberg 16.000 Hektar Streuobstwiesen gerodet und meist durch niederstämmige Intensiv-Monokulturen ersetzt; noch 1973 bezahlte die Europäische

Gemeinschaft eine Rodungsprämie für jeden gefällten Hochstamm-Obstbaum.

Dabei gingen ungezählte alte Sorten verloren, denn neben der Intensivierung des Obstbaus stellte die sogenannte Sortenbereinigung eines der Ziele der Agrarpolitik dar. Schon 1928 hatte der Agrarwissenschaftler Kurt Ritter gegen den »entsetzlichen Sortenwirrwarr« gewettert, und 1984 stellte Günther Liebster »befriedigt« fest, dass das »Sortenvielerlei als Krebsschaden des deutschen Obstbaues« keine Gefahr mehr darstelle. In den Supermärkten gab es nur noch Massenäpfel wie Golden Delicious, Gala und seit neuestem Pink Lady® (bei dem schon das Warenzeichen erkennen lässt, dass es sich nicht um eine Sorte, sondern um eine mit riesigem Werbeaufwand etablierte Marke handelt, die streng normierte, meist pestizidbehandelte Äpfel aus Südeuropa, Chile und Neuseeland importieren lässt). Mit den Streuobstwiesen waren auch die alten Obstsorten verschwunden.

DIE RENAISSANCE DER STREUOBSTWIESEN
Alte Sorten als ökologisches und kulinarisches Wunder

Steinkauz und Wiedehopf, Siebenschläfer und Spitzmaus, Kürbisspinne und Hornisse, Wiesensalbei und Wiesenglockenblume – bis zu 5000 verschiedene Tier- und Pflanzenarten leben auf und unter den Hochstammbäumen unserer Streuobstwiesen; viele von ihnen sind vom Aussterben bedroht. Damit gehören Streuobstwiesen zu den artenreichsten und kostbarsten Biotopen Europas. Um die Jahrtausendwende, kurz vor dem endgültigen Aus, wurde ihre immense ökologische Bedeutung erkannt, und seither entstehen im ganzen deutschen Sprachraum Streuobst-Initiativen und öffentliche Förderprogramme, die sich um die Rettung und Neuanlage von Hochstamm-Obstwiesen bemühen.

Gleichzeitig erleben auch die alten Obstsorten eine Renaissance, denn Streuobstbau ist nur mit robusten Äpfeln, Birnen, Kirschen oder Pflaumen möglich, die auch ohne Dünger und Pestizide gedeihen. Der 1919 aufgelöste deutsche Pomologen-Verein gründete sich 1991 neu und engagiert sich für die Erhaltung alter Sorten, genau wie die Vereine Arche Noah in Österreich sowie Fructus und ProSpecieRara in der Schweiz; die Deutsche Genbank Obst organisiert ein dezentrales Erhalternetzwerk (mehr dazu ab S. 180). Dabei geht es nicht nur um Naturschutz – alte Obstsorten, als

Hochstämme angebaut, bieten mehr als nur Lebensraum für seltene Tier- und Pflanzenarten. Mit ihren vielfältigen Resistenzen sind sie eine unerlässliche Genreserve für die Nutzpflanzen der Zukunft, und oft sind sie selbst für Allergiker verträglich.

Vor allem aber sind unsere alten Obstsorten ein kulinarischer Schatz – mit ihren vielfältigen Aromen und Duftnoten, ihren ungewöhnlichen Farben und Formen bieten sie verblüffende Geschmackserlebnisse, die nichts mit faden Supermarktfrüchten gemein haben.

Wer Streuobstwiesen fördern möchte, kann also einfach alte Obstsorten kaufen und essen: Frisches Hochstamm-Obst vom Markt, vom Bauern oder aus dem Bioladen ist eine Delikatesse, genau wie der naturtrübe Apfel- oder Birnensaft von lokalen Streuobstwiesen, der inzwischen in vielen Gegenden angeboten wird. Es lohnt aber auch, nach besonderen Spezialitäten Ausschau zu halten: zuckersüßen Dörrbirnen wie Fatschenbrunner Hutzeln, Brotaufstrichen wie Rheinischem Apfelkraut oder Rotem Weinbergpfirsich-Gelee und natürlich den vielen feinen Obstbränden, die engagierte Schnapsbrenner aus alten Obstsorten destillieren. Wer weniger Hochprozentiges vorzieht, kann ein außergewöhnliches Streuobst-Getränk probieren: Schaumwein von der Champagner Bratbirne. Dieser trockene, sanft moussierende süddeutsche Birnensekt wurde schon 1760 erstmals gekeltert, lange vor dem ersten französischen Champagner, und noch heute lobt der Verein Slow Food seine »ungewöhnliche Feinheit und Harmonie«.

Als ökologisches und kulinarisches Wunder könnten Streuobstwiesen die Zukunft der alten Sorten werden – und vielleicht bekommen sie bald von höherer Stelle Unterstützung: Die Initiative Hochstamm Deutschland e.V. hat den Antrag gestellt, den Streuobstbau als immaterielles UNESCO-Weltkulturerbe anzuerkennen.

Zwei- bis dreitausend verschiedene Apfelsorten wurden im 19. Jahrhundert im deutschen Sprachraum kultiviert, vom Aargauer Herrenapfel bis zum Zwiebelborsdorfer. Kein Wunder, dass Kategorien für diese ungeheure Vielfalt erdacht wurden: Die Pomologen unterschieden gerippte Kantäpfel (zu denen Kalville, Schlotteräpfel und Gulderlinge gehörten), duftende Rosenäpfel, große Rambouräpfel, feine Renetten, gestreifte Streiflinge, spitze Spitzäpfel und platte Plattäpfel.

    Heute werden diese Kategorien kaum noch verwendet, weil sie zu Verwirrung führten: Ist ein duftender, gestreifter, spitzer Apfel nun ein Rosenapfel, ein Spitzapfel oder ein Streifling? Unter den hier vorgestellten Apfelsorten gibt es deshalb zwar Schlotteräpfel wie den Herbstprinzen, Kalville wie den Weißen Winterkalvill, Renetten wie die Goldparmäne und Streiflinge wie den Trierer Weinapfel – vor allem aber Äpfel mit Geschichte(n).

Äpfel

Ananasrenette

Sieht aus wie eine Ananas, schmeckt nach Ananas, ist aber keine Ananas

Ananas. Champagner. Honig. Kräuter. Limonen. Mandel. Marzipan. Muskat. Quitten. Zimt. Zitronen. Auf den Sortenlisten des 19. Jahrhunderts erscheint die Aromenvielfalt der Renetten schier unendlich. Heute ist die Auswahl deutlich kleiner – Ananasrenette, Champagnerrenette, Muskatrenette, Quittenrenette und Zimtrenette sind immerhin noch zu haben.

Und bis heute ist die Ananasrenette ein wunderbarer Apfel für kleinere Gärten: Sie bildet hübsche Bäumchen, braucht wenig Schnitt und trägt so schnell, dass sie oft schon in der Baumschule mit Früchten behangen ist. Ihre eiförmigen, erst zitronen- und dann sonnengelben Früchte sind lange haltbar, schmücken den Garten ebenso prächtig wie die rosigen Frühjahrsblüten und zählen unstrittig zu den leckersten aller Tafeläpfel.

Unklar ist allerdings, warum sie so heißt. Wegen ihres intensiven Ananas-Aromas? Oder einfach, weil sie mit ihrer goldgelben Schale, der ovalen Form und dem obenauf sitzenden Blütenbüschel aussieht wie eine winzige Ananas? Die Pomologen sind hier uneins. Woher die alte, edle Sippe der Renetten ihren Namen trägt, ist ebenfalls unklar. Vielleicht sind sie »Königinnenäpfel«, nach der französischen *reine*, vielleicht »Äpfel vom Rhein«, vielleicht wegen ihrer glatten Haut »Froschäpfel«, nach dem lateinischen *rana* …

Am gefährlichsten aber sind Namens-Missverständnisse bei der Champagnerrenette: Dieser Apfel heißt so, weil er aus der Champagne stammt – leider nicht, weil er nach Champagner schmeckt!

SYNONYME
Goldapfel, Reinette Ananas

BESCHREIBUNG
delikates Äpfelchen mit Ananas-Aroma

HERKUNFT
wohl Holland, um 1820

FRUCHT
klein bis mittelgroß, eiförmig, zitronen- bis goldgelb

AROMA
hervorragender Tafelapfel mit fruchtigem Geschmack

REIFE
pflückreif Ende Oktober, genussreif November bis Februar

BAUM
eher schwachwüchsig, für kleine Baumformen und Spaliere

Blutapfel

Düstere Frucht aus düsteren Zeiten

Er ist so dunkel wie das finstere Mittelalter, aus dem er stammt: Der Blutapfel gehört zu den sogenannten »schwarzen« Äpfeln – uralten, düster braunroten Winteräpfeln. Ihre Geschichte ist passenderweise ebenso undurchsichtig wie ihre Haut; über ihr »hängt ein Schleier«, wie der Pomologe Adrian Diel schrieb.

Schon Plinius der Ältere erwähnte um 50 n. Chr. einen blutroten Apfel (und vermutete, die Farbe rühre daher, dass der Apfel auf ein Maulbeerstämmchen veredelt wurde). Vielleicht meinte er damit den Ochsenherz-Blutapfel. Oder doch eher den Schwarzen Borsdorfer, der im Mittelalter in den Klostergärten der Zisterzienser auftauchte? Oder den Braunen Matapfel, auch Kohl-, Rauch- oder Höllenapfel genannt? Zu allem Überfluss halten manche Fachleute die beiden Letzteren für identisch. Und um die Verwirrung auf die Spitze zu treiben, nennt man den Braunen Matapfel ebenfalls »Blutapfel«. In der Tat: Ein Schleier hängt über den mysteriösen schwarzen Äpfeln.

Zweifellos aber sind sie eine prachtvolle Ergänzung für jeden Obstteller. Der Pomologe und Künstler Pierre-Antoine Poiteau berichtete 1835, die Haut des Blutapfels sei mit blauem Reif überzogen wie eine Pflaume; wenn man diesen abwische, glänze sie fast schwarz. Er fand, dieser schöne Apfel schmecke roh nicht gut, ergebe aber dafür exzellentes Kompott. Einige Jahrzehnte zuvor hatte Adrian Diel geschrieben: »Ein düsteres blutartiges Rot überzieht die ganze Frucht«, und in der Tat erinnert das schwärzliche Braunrot dieser Sorte an rohe Leber – oder an das namensgebende Ochsenherz.

SYNONYME
Ochsenherz, Cœur de Bœuf, Sanguinole

BESCHREIBUNG
dekorativer dunkler Winterapfel

HERKUNFT
sehr alt, möglicherweise schon zu Römerzeiten bekannt

FRUCHT
mittelgroß, fest, braunrot-schwärzlich überlaufen

AROMA
guter Kochapfel, säuerlich mit herbem Nachgeschmack

REIFE
pflückreif Oktober, genussreif bis Mai

BAUM
starkwüchsig und robust, für alle Formen geeignet

Historische Originalbäume

SEHENSWERTE LEBENDE DENKMÄLER

Ebenso berühmt wie der Apfel-Methusalem in Newtons Garten ist ein zweiter englischer Apfelbaum – der Originalbaum der beliebten britischen Sorte *Bramley's Seedling*. Jedes Jahr werden in Großbritannien hundert Millionen Bramley-Äpfel konsumiert, und ihr Ursprung ist präzise bekannt: Um 1810 steckte ein kleines Mädchen, Mary Anne Brailsford, im Garten ihrer Eltern in der mittelenglischen Stadt Southwell ein paar Apfelkerne in die Erde. Einer der Sämlinge trug besonders schöne Äpfel, die Jahre später einem Baumschulbesitzer namens Merryweather auffielen. Er fragte den neuen Hausbesitzer, Matthew Bramley, ob er die Sorte vermehren dürfe; dieser willigte ein, verlangte aber, der neue Apfel solle nach ihm benannt werden. Bis heute steht der erste Bramley-Baum in Southwell, mittlerweile hochbetagt und krank, aber liebevoll umsorgt. (Die Baumschule Merryweather existiert ebenfalls nach wie vor.)

Auch in Deutschland steht noch der Urbaum einer alten Apfelsorte, des Spätsommerapfels Jakob Fischer, auch »Schöner vom Oberland« genannt. Diesen Apfel entdeckte sein Namenspatron, der Bauer Jakob Fischer, im Jahr 1903 als Zufallssämling am Waldrand und pflanzte ihn um in seinen Garten. Noch heute steht der Baum – inzwischen ein mächtiges Naturdenkmal von 13 Metern Höhe und fast 2 Metern Umfang – passenderweise an der Paradiesstraße in Steinhausen bei Biberach. Leider ist der Jakob-Fischer-Apfel mit seinen außerordentlich großen, saftigen Früchten in Oberschwaben selten geworden; manchmal findet man ihn noch auf dem Wochenmarkt in Biberach.

Eigentlich ist aber jeder alte Hochstamm-Obstbaum ein sehenswertes, schutzwürdiges Original. Er bietet Dutzenden von Vögeln, Hunderten von Insekten und Tausenden von Kleinstlebewesen Obdach und Nahrung, erfreut uns mit Blüten, Früchten und Schatten und hätte es verdient, als Naturdenkmal betrachtet zu werden.

Flower of Kent

Der Apfel der Erkenntnis

Im Sommer 1665 wütete die Pest in England, und ein 22-jähriger Physikstudent floh wie viele andere aus der Universitätsstadt Cambridge aufs Land: Isaac Newton. Er zog sich für ungefähr zwei Jahre ins Landhaus seiner Mutter, Woolsthorpe Manor, zurück. Eines Tages sah er dort einen Apfel vom Baum fallen, verfiel, wie Voltaire schrieb, »in tiefes Nachdenken über die Ursache, die alle Körper in eine Linie zwingt, die, wenn sie verlängert würde, annähernd durch den Erdmittelpunkt verliefe« und entwickelte seine berühmte Gravitationstheorie. (Voltaire hatte diese Geschichte übrigens von Newtons Nichte. Dass der Apfel Newton auf den Kopf gefallen sein soll, gehört dagegen ins Reich der Legende.)

Unstrittig ist allerdings, um welche Apfelsorte es sich handelte: Im Garten von Woolsthorpe Manor wuchs damals nur ein einziger Apfelbaum, ein Kochapfel der seltenen Sorte *Flower of Kent*. Dieser berühmte Baum hat eine wechselhafte Geschichte hinter sich. Schon bald nach Newtons Tod kamen die ersten Pilger, um ihn zu besichtigen, und als er im Jahr 1820 bei einem Sturm umstürzte, verkaufte man hölzerne Souvenirs aus seinen abgesägten Ästen; eines dieser Holzstücke reiste später sogar mit einer NASA-Mission in den Weltraum. Wie sich zeigen sollte, war der Baum aber mitnichten tot: Er trieb aus dem Wurzelstock wieder aus und ist bis heute im Garten von Woolsthorpe Manor in Lincolnshire zu sehen – ein mächtiger mehrstämmiger Baum, der nach wie vor blüht und fruchtet, trotz seines rekordverdächtigen Alters von über 350 Jahren.

SYNONYME
Newton's Apple Tree

BESCHREIBUNG
der Apfel, der Newton zur Gravitationstheorie inspirierte

HERKUNFT
England, 17. Jahrhundert

FRUCHT
groß, leicht birnenförmig, glänzend grün-rot

AROMA
etwas mehlig, süß-säuerlicher Kochapfel

REIFE
pflückreif Anfang Oktober, genussreif Oktober bis Dezember

BAUM
robust und starkwüchsig

Gloria Mundi

Alles ist größer in Amerika

»Es ist bedauerlich, dass dieser Apfel nicht der beste aller Äpfel ist wie Joséphine die beste aller Frauen«, schrieb der offensichtlich stramm kaisertreue Obstexperte Pierre-Antoine Poiteau im Jahr 1835. Ob die luxusverliebte Gattin Napoleons dieses Lob verdient hatte, ist fraglich – gefallen hätte ihr zweifellos, dass die *Pomme Joséphine* wenn nicht der beste, so doch einer der schönsten und größten Äpfel ist. Joséphine de Beauharnais könnte ihn sogar gekostet haben – Graf Lelieur, der Verwalter der kaiserlichen Gärten, hatte die Riesenfrucht 1803 in Baltimore entdeckt und mit anderen botanischen Fundstücken aus der Neuen Welt zurück nach Frankreich gebracht.

Der *Gloria Mundi* oder »Ruhm der Welt«, im englischen Sprachraum auch Mammut- oder Monsterapfel genannt, hat in der Tat kaiserliches Format. Wie ein beeindruckter Augenzeuge schrieb: »Wer einen ausgewachsenen Baum fruchtbehangen gesehen hat, wird diesen Anblick nie vergessen.« Die Früchte halten sich monatelang und eignen sich vor allem zum Kochen – »zweiter Güte für das Obstmesser, erster Güte für Kompott und Gelee«.

In Deutschland wurden sie immer wieder mit einem anderen Riesenapfel verwechselt, dem aus Galizien stammenden »Hausmütterchen«. Dass dieses nicht der Josephinenapfel sein kann, zeigt schon der Name: Joséphine war Sklavenhalterin in Martinique, skandalös geschiedene Ehefrau, Häftling im Revolutionsgefängnis, hoch verschuldete Lebedame und dann Kaiserin an der Seite Napoleons – aber beileibe kein Hausmütterchen.

SYNONYME
Josephinenapfel, American Mammoth, Monstrous Pippin, Pomme Joséphine

BESCHREIBUNG
Riesenapfel aus der Neuen Welt

HERKUNFT
Baltimore, USA, um 1803

FRUCHT
gelbgrün und trotz ihrer enormen Größe sturmfest

AROMA
lockeres, saftiges, mild-süßes Fleisch

REIFE
pflückreif Oktober, genussreif Dezember bis März

BAUM
sehr robust und starkwüchsig, braucht feuchten Boden

Goldparmäne

Königin & König der Feinschmeckeräpfel

Reine des reinettes, Königin der Renetten, heißt dieser Apfel in Frankreich, *King of the Pippins* nennt man ihn in England. Französische Königin und englischer König in Personalunion – das dürfte historisch einmalig sein. Kein Wunder, dass der französische Koch Raymond Blanc diese Sorte versehentlich gleich zweimal pflanzte – als *Reinette* in seinen »französischen« und als *Pippin* in seinen »englischen« Obstgarten. Schon an den Namen ist zu erkennen, dass die Herkunft dieser alten Apfelsorte zweifelhaft ist. Einige Autoren glauben, sie stamme aus Frankreich, andere halten sie für englisch. Vielleicht lag ja der Schweizer Pomologe Theodor Zschokke richtig, der vermutete, sie sei mit den normannischen Eroberern aus Frankreich nach England gelangt?

Unstrittig ist jedenfalls, dass die Goldparmäne ganz hervorragend schmeckt. Wenn sie eine fruchtbare, warme Stelle bekommt und regelmäßig geschnitten wird, bildet sie im Herbst prächtig goldorange geflammte, knackige Äpfel mit einem außergewöhnlichen Aroma: fruchtig, nussig und ein ganz klein wenig herb. (Liebhaber süßlicher Äpfel werden sich wohl nicht für sie erwärmen.) »Wow, was für ein wunderbar komplexer Apfel!«, lobte der Autor des amerikanischen Blogs *Adam's Apples* und vergab drei Sterne. Der Schweizer Pomologe Gustav Pfau-Schellenberg hielt ihn schon 150 Jahre zuvor für den »besten von allen Äpfeln«, und sein Kollege Wilhelm Lauche riet schlicht: »Wer nur einen Baum anpflanzen kann, wähle diesen aus!«

SYNONYME
Wintergoldparmäne,
King of the Pippins,
Reine des reinettes

BESCHREIBUNG
hervorragender Tafelapfel
mit intensivem Geschmack

HERKUNFT
Frankreich oder England,
vor 1700

FRUCHT
mittelgroß, orangegelb mit
roten Streifen und feinem
goldenem Rost

AROMA
gelbes, knackiges Fleisch
mit würzig-nussigem Aroma

REIFE
pflückreif ab Ende
September, genussreif
Oktober bis Januar

BAUM
braucht fruchtbaren Boden
und regelmäßigen Schnitt,
etwas empfindlich

Graue Renette

Ein lebendes Relikt mittelalterlicher Klostergärten

Im Jahr 1123 begab sich eine Gruppe von zwölf Mönchen und einem Abt auf eine weite und gefährliche Reise – von ihrer Heimatabtei Morimond in Burgund bis nach Kamp am Niederrhein, wo sie ein neues Kloster gründen wollten. Wie bei den Zisterziensern üblich, sollte auch dort Gemüse, Getreide und Obst zur Selbstversorgung angebaut werden, deshalb hatten sie nicht nur heilige Schriften im Gepäck, sondern auch Samen, Werkzeug und Edelreiser für den Klostergarten. Bis heute weiß man, welche Apfelsorte sie mitführten: die Graue Renette, einen graubraunen, passenderweise klösterlich bescheiden wirkenden Apfel. Der Weg dieser uralten Sorte lässt sich genau nachvollziehen – sie wanderte von Morimond ins Kloster Kamp und von dort über Walkenried nach Osten bis in die Abtei Pforta, von wo aus sie sich in ganz Deutschland und Polen verbreitete.

Die Graue Renette war aber nicht nur in Klöstern beliebt; sie gehört zu den – nur sieben – Apfelsorten, die der Chefgärtner von Versailles zum Anbau empfahl (er riet allerdings, sie erst ab Januar zu essen). Im 19. Jahrhundert lobte Pierre-Antoine Poiteau wie viele andere Pomologen diesen »exzellenten« Apfel, der sich – anders als die Graue Herbstrenette – bis Juni halte und besonders gutes, für Kranke heilsames Apfelmus ergebe. Poiteau hatte noch einen weiteren Tipp (den wir ungeprüft wiedergeben): Wenn man das noch heiße Apfelmus auf die kahl rasierte Hautpartie eines Rappen streiche, wachse das Fell an der betreffenden Stelle nicht schwarz nach, sondern weiß!

SYNONYME
Graue Französische Renette, Grauer Rabau, Rauhapfel, Reinette grise

BESCHREIBUNG
mittelalterlicher Klosterapfel der Zisterzienser

HERKUNFT
Kloster Morimond, Frankreich, wohl 12. Jahrhundert

FRUCHT
mittelgroß, grünlich, mit rauem graubraunem Rost überzogen

AROMA
leicht grünliches, zartes Fleisch, saftig, süß-säuerlich

REIFE
pflückreif Oktober, genussreif Januar bis Mai (oder länger)

BAUM
wächst langsam, aber kräftig; wenig schnittbedürftig

Gravensteiner

Essbarer Nationalschatz der Dänen

Wie ein »grauer Stein« sieht dieser Apfel nicht aus, ganz im Gegenteil: Er ist groß, glänzend gelb und trägt karmesinrote Streifen. Sein Name geht zurück auf das – einstmals graue – dänische Schloss Gravenstein. Im Jahr 1696 reiste dessen damaliger Schlossherr, Graf Carl von Ahlefeld, als Hofmeister mit dem dänischen Prinzen nach Italien, von wo er angeblich Edelreiser dieses später berühmt gewordenen Apfels mitbrachte und vermehren ließ. Im Schlosspark von Gravenstein, gleich hinter der deutschen Grenze, gedeihen sie bis heute im sogenannten Apfelhain. Wer den Park besichtigen möchte, sollte allerdings den richtigen Zeitpunkt wählen: Jedes Jahr gegen Ende Juni schippert die dänische Königsfamilie auf ihrer historischen Yacht *Dannebrog* von Kopenhagen nach Gravenstein, um dort den Sommer zu verbringen. Dann ist der Schlosspark für Besucher gesperrt (ob die königlichen Herrschaften dort ungestört Äpfel essen wollen, ist nicht bekannt).

Um Gravensteiner zu kosten, muss man allerdings nicht nach Dänemark reisen. Diese Apfelsorte hat sich rasch über ganz Europa und Nordamerika verbreitet und gilt bei vielen als bester Herbstapfel überhaupt – Pomologen preisen seine riesigen weißen Blüten, den »ananasartigen Geschmack« und den »wahrlich exquisiten Duft«. Allerdings gedeiht der Gravensteiner nur in feuchten Böden und feuchter Luft. Er liebt das Meeresklima von Dänemark – und die Dänen lieben ihn: Im Jahr 2005 erklärten sie den Gravensteiner zum »dänischen Nationalapfel«.

SYNONYME
Blumenkalvill, Gelber Gravensteiner, Gråsten

BESCHREIBUNG
besonders köstlicher, duftender Herbstapfel

HERKUNFT
wohl Italien, um 1700

FRUCHT
groß, glänzend gelb mit karmesinroten Streifen

AROMA
stark duftendes, gelbliches Fruchtfleisch, hervorragendes Aroma

REIFE
pflückreif ab Anfang September, genussreif bis November

BAUM
prächtige Blüten, nur für milde, feuchte Lagen oder Seeklima

Regionale alte Sorten

GLOBAL DENKEN, LOKAL PFLANZEN

Manche alte Apfelsorten haben einen Migrationshintergrund – die Graue Renette stammt aus Frankreich, der Gravensteiner aus Dänemark und der Schöne von Boskoop aus den Niederlanden. Dem Finkenwerder Herbstprinzen dagegen merkt man es schon am Namen an: Dieser Apfel ist eine lokale Sorte; seine Heimat, die Elbinsel Finkenwerder, ist nur wenige Kilometer lang. Er gehört zu den vielen seltenen und außergewöhnlichen Lokalsorten, die im Lauf der Zeit entstanden sind. Sie haben sich über Jahrhunderte bewährt und an die Boden- und Klimaverhältnisse bestimmter Gegenden angepasst.

Oft sind es regionale Vereine oder Streuobstinitiativen, die sich um die Rettung und Erhaltung dieser gefährdeten Kostbarkeiten verdient machen: Zwei verschollene Lokalsorten, die Haferkrüpsbirne und der Kalbfleischapfel, wurden von den »Obstwiesenrettern Kahlgrund-Spessart« nach längerer Suche wiedergefunden und gerettet (außerdem entdeckte die Gruppe in einem Tal mit dem schönen Namen Hutzelgrund eine unbekannte eiförmige Apfelsorte). Den Spitzrabau, eine alte Apfelsorte aus dem Odenwald, hat der Pomologenverein Hessen vor dem Aussterben bewahrt. Die Schweizer Bratbirne, ebenfalls nur noch an wenigen Bäumen zu finden, wurde vom Sortenerhaltungsverein Fructus wieder in ihrem Ursprungsgebiet am Zürichsee angepflanzt. Und die einst im Burgenland verbreitete schwarze Joiser Einsiedekirsche, die sich hervorragend für Marmelade, Kompott oder Kirschsaft eignet, wurde von der ARGE Streuobst zur österreichischen Streuobstsorte des Jahres 2017 gekürt.

Dies sind nur wenige Beispiele – die lokale Sortenvielfalt ist ebenso riesig wie appetitlich. Es lohnt sich, fachkundigen Rat einzuholen oder die Sortenlisten der Streuobstinitiativen und Pomologenvereine zu durchstöbern: Dort finden sich regionale Kostbarkeiten wie der Dithmarscher Paradiesapfel, die Bamberger Kugelbirne oder die Schöne von Einigen, eine alte Schweizer Kirsche.

Herbstprinz

Ein Prinz aus dem hohen Norden

»Klapperapfel« wird der Herbstprinz aus gutem Grund genannt: Wie der Rotprinz, der Bürgerprinz oder der Schmalprinz, seine Vettern aus der großen und vornehmen Sippe der Prinzenäpfel, gehört er zu den »Schlotteräpfeln«; sie heißen so, weil man angeblich ihre lockeren Kerne im Kernhaus klappern hört. Der Finkenwerder Herbstprinz ist ein relativ junges Familienmitglied; er wurde um 1860 als Zufallssämling auf der Elbinsel Finkenwerder bei Hamburg gefunden und war hundert Jahre lang im Alten Land bei Hamburg verbreitet. Mit dem Aufstieg der maschinell bewirtschafteten Obstplantagen begann sein Niedergang – für Niederstamm-Monokulturen taugte er nicht. Erst Ende des 20. Jahrhunderts verhalf der norddeutsche Apfelfachmann Eckardt Brandt, der in seinem »Boomgarden« in Stade Hunderte von alten Obstsorten bewahrt und vermehrt, diesem bedrohten Apfel zu einer Renaissance; 1998 nahm der Verein Slow Food Hamburg den Herbstprinzen in seine »Arche des Geschmacks« auf.

Auch wenn er den Herbst im Namen trägt – der Finkenwerder Herbstprinz ist einer der besten Winteräpfel. Wer diesen leckeren, haltbaren Apfel im eigenen Garten anbauen möchte, braucht nichts weiter als eine kühle, feuchte Stelle; in warmen Gegenden wird er mehlig. Eckardt Brandt erzählt in seinem Buch *Alte Apfelsorten* von einem Freund aus Südengland, bei dem ein Herbstprinzenbaum anfangs nicht recht gedeihen wollte. Er fühlte sich erst wohl, nachdem er umgepflanzt worden war – an eine schattige Nordwand neben die überlaufende Regentonne.

SYNONYME
Finkenwerder Herbstprinz, Hasenkopf, Klapperapfel, Melonenapfel

BESCHREIBUNG
berühmter Winterapfel aus dem Alten Land

HERKUNFT
Insel Finkenwerder bei Hamburg, 19. Jahrhundert

FRUCHT
groß, glockenförmig, oft schief gewachsen, grün mit roten Wangen

AROMA
festes, aromatisch süß-säuerliches Fruchtfleisch

REIFE
pflückreif Anfang bis Mitte Oktober, genussreif November bis März

BAUM
als Hochstamm für feuchte, kühle Lagen geeignet; verträgt kein warmes Klima

Klarapfel

Der weiße Apfel des lettischen Sommers

An einem heißen Hochsommertag im Schatten eines Apfelbaums sitzen und frische Äpfel essen? Das geht nur unter einem Klarapfel. Keine andere Sorte trägt so früh wie diese – oft sind schon Mitte Juli die ersten Früchte reif. Von da an pflückt man sie nach und nach; sie schmecken genau dann am besten, wenn ihre Farbe von weißlich-grün zu gelblich-grün wechselt. Danach sollte man sie schnell essen, denn schon nach ein bis zwei Wochen werden sie mehlig. Diese hellen Äpfel sind aber auch ideal für Apfelkuchen oder Apfelmus: Anders als andere Sorten verfärben sie sich beim Kochen nicht bräunlich, sondern bleiben appetitlich weiß.

Der Weiße Klarapfel hatte eine weite Reise hinter sich, bevor er zum Sommerklassiker deutscher Gärten wurde, denn er gehört zur alten russischen Familie der Glasäpfel (die so heißen, weil ihr Fleisch glasig-transparent schimmert). Sie alle reifen früh und sind sehr frostfest, was vermutlich den kurzen Sommern und harten Wintern Russlands zu verdanken ist. 1852 gab ein Obstbaumzüchter aus Riga den Klarapfel an seinen französischen Kollegen André Leroy weiter, der nicht nur die zeitige Reife der neuen Sorte pries, sondern auch ihr »zart knackiges« Fleisch und ihren »delikat säuerlichen« Saft. Weitere Vorzüge des Klarapfels sind seine üppigen Blüten, die sich noch vor den Blättern öffnen, und sein Duft: Er riecht so aromatisch, dass man Früchte oder Schalen als Duftspender auslegen kann.

SYNONYME
Durchsichtiger Sommerapfel,
Weißer Klarapfel,
Weißer Transparentapfel

BESCHREIBUNG
der früheste aller
Sommeräpfel

HERKUNFT
Lettland, 1852

FRUCHT
mittelgroß, erst weißlich-,
dann gelblich-grün

AROMA
weißes, luftiges, zart
süßsaures Fleisch

REIFE
pflückreif Mitte Juli bis
Anfang August,
zwei Wochen haltbar

BAUM
prächtige Blüte, robust,
auch für raue Lagen

Kleiner Api

Eine appetitliche römische Antiquität

Wer vor 2000 Jahren Rom durch die Porta Capena verließ und auf der Via Appia gen Süden ritt – zum Beispiel in die Sommerfrische nach Pompeji – könnte schon an diesen Apfelbäumen vorbeigekommen sein: Der *Malum Appianum*, den Plinius der Ältere in seiner *Naturgeschichte* beschreibt, war schon bei den alten Römern beliebt. Und die Namensähnlichkeit zur Via Appia ist kein Zufall – beide sind nach dem Konsul Appius Claudius Caecus benannt, der nicht nur die berühmte Straße erbauen ließ, sondern auch diesen hübschen kleinen Apfel von einem seiner Feldzüge aus dem Osten mitbrachte.

Mit den Römern wanderte auch der Kleine Api nach Norden; heute ist er vor allem in der Schweiz verbreitet. Die riesigen, bis zu 5 Zentimeter großen Blüten sind oft größer als die dekorativen, rot-gelb glänzenden Äpfelchen, dafür erscheinen diese in überreicher Fülle – kein Wunder, dass dieser Apfel auch als Zierpflanze beliebt ist. Der berühmte Pomologe Eduard Lucas empfahl, ihn in Töpfe zu pflanzen, »worin man allerliebste Bäumchen, mit Hunderten von Früchten behangen, ziehen kann, die den ganzen Winter hindurch zur Zierde dienen«. Das geht auch im Freien: Die Früchte des Kleinen Api sind nicht nur frostfest, sondern schienen Eduard Lucas »nach dem Gefrieren sogar schmackhafter zu sein«. Und der Botaniker Joachim Camerarius fand schon 1626, sie seien »am Geruch und Geschmack die annehmlichsten und lieblichsten« – wegen ihres Rosengeschmacks werden sie auch *Pommes roses* genannt.

SYNONYME
Bollenapfel, Bombadinchen, Roter Api, Petit api, Pomme rose

BESCHREIBUNG
dekoratives und winterfestes Zier- und Speiseäpfelchen

HERKUNFT
wohl schon im antiken Rom bekannt

FRUCHT
klein, flach, glänzend gelb-rot, frostfest

AROMA
süß, rosenartig, Dessertapfel

REIFE
pflückreif Dezember, genussreif bis Mai

RAUM
eher kleinwüchsig, auch für Kübelpflanzung geeignet

Königlicher Kurzstiel

Kurzer Stiel, lange Geschichte

Kurz aufgehängt, *court-pendu*, ist der Kurzstiel tatsächlich – sein Stiel ist weniger als einen Zentimeter lang und ragt nicht über die Wangen des Apfels hinaus, sodass sich die Früchte, wenn sie nicht rechtzeitig geerntet werden, gegenseitig vom Ast drücken. Auch der deutsche Name »Käsapfel« ist überaus treffend: Die Frucht ist platt wie ein kleiner Käse – zum Glück schmeckt sie aber nicht so: Jean-Baptiste de La Quintinie, der Hofgärtner Ludwigs XIV., kultivierte den Königlichen Kurzstiel passenderweise im *Potager du Roi*, dem Küchengarten von Versailles. Er lobte sein »feines Fleisch« und seinen »süßen und überaus angenehmen Saft«. Bis März könne man diesen Apfel mit Vergnügen essen – allerdings, riet La Quintinie, dürfe man ihm »nicht so viel Zeit lassen, dass er runzelig wird, denn dann schmeckt er fade«. Im 19. Jahrhundert lagerte man den Königlichen Kurzstiel daher in feuchtem Torfmull (heute dürften gelochte Plastikbeutel die gleiche Funktion erfüllen).

Pomologen aller Zeitalter lobten diese Sorte – Johannes Bauhinus fand den »in ganz Europa hochberühmten« *Curtipendulum* schon 1650 »höchst empfehlenswert«, Eduard Lucas pries ihn 1875 als »vortrefflichen und sehr schönen Tafelapfel allerersten Ranges«. Er wächst eher schwach, braucht also kaum Schnitt und kann als Spätblüher auch in Frostlagen angebaut werden. Außerdem hat er noch einen weiteren Vorzug: Wie Bauhinus berichtet, wurde der Saft des Kurzstiels im 17. Jahrhundert von Ärzten verordnet – als Heilmittel gegen Herzkrankheiten und Melancholie.

SYNONYME
Käsapfel, Court-pendu royal, Fenouillet rouge

BESCHREIBUNG
berühmte alte Sorte, bereits in Versailles kultiviert

HERKUNFT
unklar, schon um 1565 bekannt

FRUCHT
mittelgroß, flachgedrückt, gelbgrün mit leichter Röte und Rost

AROMA
leicht gelbliches, festes Fruchtfleisch, vorzügliches Aroma

REIFE
pflückreif Ende Oktober, genussreif Dezember bis März

BAUM
schwachwüchsig, wenig schnittbedürftig, spät blühend, braucht Wärme

Die Sämlingslotterie

VOM KOPULIEREN, OKULIEREN UND STRATIFIZIEREN

Wer einfach einen Kern in die Erde steckt, lässt dem genetischen Zufall seinen Lauf – und manchmal kommen dabei hervorragende Obstsorten wie der Korbiniansapfel heraus. Im 18. und 19. Jahrhundert, als Kreuzungen noch unbekannt waren, war dies die bevorzugte Methode der Züchter: Bekannte und unbekannte Pomologen ließen Hunderttausende von Kernen besonders geschätzter Apfel- und Birnensorten keimen, um unter den Sämlingen neue Sorten zu finden. Bis ungefähr 1870 entstanden alle Obstsorten durch solche Selektion oder aus zufällig entdeckten Sämlingen; manche sind schon am Namen zu erkennen wie der britische Apfel *Bramley's Seedling*.

Die Korbiniansäpfel oder *Bramleys* von heute sind (wenn nichts verwechselt wurde) genaue genetische Kopien der Sorten von damals. Alte Obstsorten werden nämlich »vegetativ vermehrt«: Edelreiser, also Zweige des Originalbaums, werden auf eine Unterlage, meist einen Baumsämling, veredelt, und zwar durch »Kopulieren« (schräges Anschneiden und Aufeinandersetzen), »Okulieren« (Einfügen einer Knospe unter die Rinde) oder »Pfropfen« (Einstecken des Edelreises in einen Ast). So wächst der ursprüngliche Zweig auf einem neuen Baum weiter.

Wer selbst Obstbäume veredeln möchte, sollte am besten einen Kurs belegen. Einfacher ist es, sich an der Aussaat zu versuchen: Einige Apfel- oder Birnenkerne von einer alten, zum Standort passenden Sorte »stratifizieren« (etwa drei Wochen zwischen zwei Lagen feuchtem Küchenpapier im Kühlschrank lagern, um eine Winterpause zu simulieren), in lockere Erde säen und regelmäßig gießen. Nach wenigen Wochen sollte ein Bäumchen sprießen; wie die Früchte schmecken, zeigt sich leider erst Jahre später. Kurfürst August von Sachsen hatte dazu schon im 16. Jahrhundert einen – aus heutiger Sicht etwas fragwürdigen – Geheimtipp: Man solle die Samen vor der Aussaat in Zucker- oder Honigwasser einweichen, dann würden die Äpfel oder Birnen süßer!

Korbiniansapfel

Ein Apfel des Widerstands

Kein anderer Apfel dürfte unter so schwierigen Bedingungen entstanden sein: Als KZ-Häftling Nr. 27788 legte Pfarrer Korbinian Aigner in der »Heilkräuterplantage« des Konzentrationslagers Dachau eine geheime Baumschule an und säte eingeschmuggelte Apfelkerne aus. Nach dem Krieg – Aigner war 1945 auf einem der sogenannten »Todesmärsche« die Flucht gelungen – trugen die Sämlinge Früchte, und die beste Sorte, ein besonders leckerer, lange haltbarer Winterapfel, erhielt den nüchternen Namen »KZ-3«.

Schon vor seiner Verhaftung hatten Korbinian Aigners Vorgesetzte kritisiert, er sei »mehr Pomologe als Pfarrer«. Davon ließ er sich ebenso wenig beirren wie von den Nazis. Einen Tag nach dem gescheiterten Münchner Attentat auf Adolf Hitler am 8. November 1939 sagte er im Religionsunterricht zu seinen Schülern, er bezweifle, dass der Anschlag eine Sünde war – »dann wäre halt vielleicht eine Million Menschen gerettet worden«. Für diesen Kommentar wurde er denunziert, verhaftet und ins KZ gesteckt.

Nach dem Krieg arbeitete Aigner wieder als Pfarrer; als er 1966 im Alter von 81 Jahren starb, ließ er sich in dem alten KZ-Mantel beerdigen, den er zur Gartenarbeit zu tragen pflegte. Zu Aigners 100. Geburtstag im Jahr 1985 wurde sein KZ-3 in »Korbiniansapfel« umbenannt. Ruhm genießt Korbinian Aigner aber nicht nur als Pomologe, sondern auch als Künstler: Er hinterließ fast tausend aquarellierte Apfel- und Birnenporträts, die 2012 auf der *documenta* in Kassel gezeigt wurden – darunter auch, als Bild Nr. 600, der Korbiniansapfel.

SYNONYME
Apfel KZ-3

BESCHREIBUNG
von Pfarrer Korbinian Aigner im KZ gezüchteter Apfel

HERKUNFT
Konzentrationslager Dachau, 1944

FRUCHT
mittelgroß, goldgelb mit roten Streifen

AROMA
festes, saftiges Fleisch, ausgewogen süß-säuerlich

REIFE
pflückreif ab Ende Oktober, genussreif Dezember bis Mai

BAUM
schnellwüchsig, genügsam, auch für mittlere Höhenlagen

Rote Sternrenette

Morgen, Kinder, wird's was geben

Ein purpurroter Apfel mit winzigen goldenen Sternchen? Und dann reift er auch noch pünktlich zur Adventszeit? Kein Wunder, dass die Sternrenette in vielen Gegenden als der klassische Weihnachtsapfel gilt. Es gibt keinen hübscheren Apfel für Nikolausstiefel oder Plätzchenteller, und wenn man sie ordentlich aufpoliert, kann die Sternrenette auch als glänzend roter Baumschmuck dienen. Überhaupt ist sie ein idealer Kinderapfel: kugelrund, knallrot und klein genug für Kinderhände. Und so niedlich die Sternrenette auch aussieht, ist sie doch sehr robust und gedeiht selbst in ungünstigen, feuchten Lagen an prächtigen, langlebigen Bäumen – »landschaftsprägend« nennen das die Fachleute.

Der berühmte Pomologe Johann Oberdieck lobte diese Sorte schon im 19. Jahrhundert als »durch Schönheit sich auszeichnende, auch gute Frucht«. Gustav Schaal schrieb 1930, die Sternrenette sei ein »prachtvoller Winterapfel, der von Feinkostgeschäften für ihre Auslagen« gekauft werde, und pries sie mit den blumigen Worten »lachend schön«. Ein anderer Pomologe bemängelte allerdings, der Wert der Frucht liege »ausschließlich in der prächtigen Farbe«, und auch Schaal äußerte Kritik: Der Baum lasse »die Früchte beim geringsten Wind fallen, sobald die Herbstnebel einsetzen«. Die gute Nachricht: Dieser Apfel fault nicht – falls er vom Baum plumpst, werden die Druckstellen allenfalls korkig-trocken. Bis Weihnachten halten die Früchte also auf jeden Fall.

SYNONYME
Herzapfel, Weihnachtsapfel, Calville étoilée

BESCHREIBUNG
besonders hübscher roter Weihnachtsapfel

HERKUNFT
wohl Maastricht, um 1820

FRUCHT
klein bis mittelgroß, kugelrund, purpurrot mit goldenen Sternchen

AROMA
gelb-rötliches Fleisch, parfümiert, zart süß-säuerlich

REIFE
pflückreif ab Ende September, genussreif Oktober bis Januar

BAUM
starkwüchsig und robust, gut für Streuobstwiesen, erste Erträge relativ spät

Roter Bellefleur

Schöne Blüte, schöner Apfel, schöner Baum

»Schönblüte« heißt dieser Apfel nicht wegen seiner (wie bei fast allen Apfelsorten) bezaubernden weiß-rosa Einzelblüten: Der Bellefleur blüht so hübsch, weil er extrem lange im Winterschlaf liegt und seine rosige Pracht erst entfaltet, wenn die Spätfröste vorüber und andere Apfelbäume längst verblüht sind. Seine Volksnamen »Pfingstapfel« oder »Siebenschläfer« deuten an, dass er erst zu Pfingsten oder gar am Siebenschläfertag Ende Juni erwacht. Schon aus diesem Grund ist er die ideale Wahl für schwierige Lagen – spätfrostgefährdete Wiesen, zugige Täler und kalte Mittelgebirge.

Sein zweiter Vorzug sind die Früchte: Der Rote Bellefleur wird erst Ende Oktober geerntet und ist dann extrem lange lagerfähig; er gehört zu den wenigen Äpfeln, die bis in den Mai frisch und knackig bleiben und dabei, wie Gustav Schaal 1930 schrieb, »von Tag zu Tag schöner werden«. Am Niederrhein und in Belgien, wo diese alte Apfelsorte bis heute verbreitet ist, lagerte man sie früher für den Winter in Gruben (»Kuhlen«) ein, deshalb trägt sie dort den Namen »Koulmännekes«.

Der einzige – kleine – Nachteil dieses ebenso prächtigen wie robusten Winterapfels ist sein anfangs etwas wirrer Wuchs; es tut ihm gut, wenn er einen kundigen Erziehungsschnitt bekommt. Dann aber liefert der Rote Bellefleur zuverlässig Jahr für Jahr seine bildhübschen, karmesinrot gestreiften Früchte – und natürlich die namensgebende »schöne Blüte«.

SYNONYME
Holländischer Bellefleur, Koulmännekes, Pfingstapfel, Siebenschläfer

BESCHREIBUNG
extrem spät blühender, lange haltbarer Winterapfel

HERKUNFT
wohl Holland, um 1760

FRUCHT
mittelgroß, gelb-rot mit karmesinroten Streifen

AROMA
fest und saftig, himbeerartiges, süß-säuerliches Aroma

REIFE
pflückreif Ende Oktober, genussreif Dezember bis Mai

BAUM
anfangs schwach- dann starkwüchsig, robust, für Hochlagen geeignet

Schöner von Boskoop

Apfel der Zukunft?

Der »Apfel der Zukunft«, wie ihn seine Vermarkter tauften, wurde 1856 durch einen Zufall entdeckt: Der niederländische Obstbaumzüchter Kornelis Ottolander aus Boskoop fand ihn an einem Trieb, der an einem seiner Bäume aus der Unterlage spross. Die neue Apfelsorte verbreitete sich so rasant wie keine andere je zuvor, und Anfang des 20. Jahrhunderts hatten die Baumschulen Schwierigkeiten, die riesige Nachfrage zu bedienen. Im Jahr 1911 verteilte allein der Schweizerische Obst- und Weinbauverein 42.688 Reiser des Schönen von Boskoop – kein Wunder, dass es bald Probleme gab. Kunden behaupteten, nicht die richtige Sorte bekommen zu haben, und in Frankfurt an der Oder und Herford wurden bei Spezialausstellungen »gesunde, rassige Mutterbäume des ächten Boskoop« vorgeführt, um Verwechslungen vorzubeugen.

Bis heute ist der Boskoop beliebt; er ist quasi der Kaltblüter unter den Äpfeln: verlässlich, robust und vielseitig einsetzbar. Diese Winterapfelsorte bildet prächtige, breitkronige Bäume, die sehr alt werden und üppige Ernten liefern. Die schweren, knackigen Früchte halten sich lange, liefern hervorragenden Saft und sind durch ihr spritziges Aroma ideal als Bratäpfel oder zum Backen. Liebhaber säuerlicher Äpfel essen den Boskoop auch gerne roh.

Nur sein Name bleibt rätselhaft – schön ist der Schöne von Boskoop mit seiner rauen, rostig braunen Haut nämlich nicht unbedingt. In Süddeutschland hat sie ihm einen viel passenderen Namen eingebracht: »Lederapfel«.

SYNONYME
Lederapfel, Renette von Montfort

BESCHREIBUNG
säuerlicher, vielseitig verwendbarer Winterapfel

HERKUNFT
Boskoop, Niederlande, 1856

FRUCHT
groß bis sehr groß, grünlich-rot, stark berostet

AROMA
festes, gelbliches, süß-säuerliches Fleisch

REIFE
pflückreif ab Mitte Oktober, genussreif Dezember bis April

BAUM
für feuchtere Lagen, starkwüchsig und breitkronig

Verschollene Sorten

UNWIEDERBRINGLICH DAHIN ODER NUR UNAUFFINDBAR?

Sertürners Renette aus Hameln und der schon seit Römerzeiten bekannte Sternapfel wurden von engagierten Obstliebhabern buchstäblich in letzter Sekunde gerettet – sonst wären sie für immer verloren gewesen. Auch der Rote Brasilienapfel wurde erst vor wenigen Jahren nahe der einstigen deutsch-deutschen Grenze wiederentdeckt; er galt seit über hundert Jahren als verschollen. Benannt ist dieser Apfel, der prächtige, bis zu 15 Meter hohe Bäume bildet und feuchte Standorte liebt, nicht etwa nach dem Land Brasilien, sondern nach dem einst sehr gesuchten, ebenfalls rot gefärbten »Brasilholz«.

Andere historische Obstsorten sind dagegen bis heute verschwunden, darunter Kostbarkeiten wie die Doppelttragende Große Muskatellerbirne. Ob es sie wirklich gegeben hat, war schon vor 200 Jahren umstritten – eine Birne, die zweimal im Jahr blüht und fruchtet? Aber gleich mehrere berühmte Pomologen des 19. Jahrhunderts bezeugten die Existenz dieser Sorte: Ende Juni, wenn die im August reifenden Birnen ungefähr walnussgroß waren, öffneten sich an den Triebspitzen neue Blüten, aus denen dann im Oktober eine zweite Birnenernte reifte. Angeblich gab es sogar Birnensorten, die dreimal im Jahr fruchteten ...

Etwas weniger spektakulär, aber ebenso erhaltenswert sind viele andere seltene und lokale Obstsorten, die uns aus Verzeichnissen des 19. Jahrhunderts bekannt sind. Auf der Suchliste des deutschen Pomologen-Vereins stehen Dutzende von Kostbarkeiten: historische Äpfel wie der Freiburger Prinz oder der Mecklenburger Junkerapfel, verschollene Birnen wie die Braunrote Speckbirne oder die Moringer Wunderbirne und alte Kirschsorten wie die Tränen-Muskateller. Auch Oberdiecks Gestreifte Eierpflaume oder die Herrenhäuser Mirabelle kennen wir nur aus historischen Zeugnissen.

Aber wer weiß: Vielleicht taucht ja der eine oder andere verschollene Schatz in einem alten Garten oder auf einer vernachlässigten Streuobstwiese wieder auf?

Sertürners Renette

Von der Rettung eines Familienerbstücks

Sie galt hundert Jahre lang als ausgestorben: Sertürners Renette, benannt nach dem berühmten Apotheker Friedrich Wilhelm Adam Sertürner (1783–1841) aus Hameln. Eigentlich ist er als Entdecker des Morphiums und Begründer der modernen Schmerztherapie bekannt – auf Sertürners Grundstück gedieh aber auch eine ganz besondere Obstsorte. »Der Baum steht in dem gedachten Garten bisher etwas unterdrückt in einer Reihe von Stämmen, die als Wildlinge aufwuchsen und Obst von geringem Werte tragen«, schrieb der Pomologe Johann Oberdieck im Jahr 1875, und lobte den »für die Tafel angenehmen« Apfel wegen seiner »reichen Tragbarkeit und Haltbarkeit bis Johannis« (ob er sich wirklich bis zum 24. Juni hält, ist allerdings etwas fraglich).

Danach wurde es still um Sertürners Renette. Erst im Jahr 2006 las der Obstfachmann Willi Hennebrüder Oberdiecks Beschreibung und machte sich auf die Suche nach dem verschollenen Apothekerapfel. Er hatte Glück: Auf seinen Suchaufruf in der Lokalpresse meldete sich Sertürners Ururenkelin Wernhera Peters. Sie hatte in letzter Sekunde Edelreiser gerettet, bevor der neue Grundstücksbesitzer – ein mittlerweile insolventer Hamelner Großinvestor – den Originalbaum im Garten ihres Urahns fällen ließ. So ist es ihr zu verdanken, dass ein einziges Exemplar der »Hamelschen«, wie Sertürners Renette in der Familie genannt wurde, erhalten blieb. Inzwischen wird die Sorte wieder vermehrt, und eines der ersten jungen Bäumchen wurde an eine überaus passende Stelle gepflanzt: auf den Schulhof der Sertürner-Realschule in Hameln.

SYNONYME
Hamelsche Renette

BESCHREIBUNG
lange haltbarer, delikater »Apothekerapfel«

HERKUNFT
Hameln, vor 1840

FRUCHT
mittelgroß, weißgrün mit goldenen Rostflecken

AROMA
saftig, leicht quittenartiges weinig-süßes Aroma

REIFE
pflückreif Anfang bis Mitte Oktober, genussreif Dezember bis Mai

BAUM
robust, mittelstark wachsend

Sternapfel

Skurril, selten, sternförmig

»Elegant und selten« sei der fünfeckige *Pomum pentagonum*, lobte schon im 17. Jahrhundert der Botaniker Johannes Bauhinus; »sehr zierlich und interessant« fand ihn 200 Jahre später der Pomologe Friedrich Dochnahl. Zweifellos ist dieser ungewöhnliche Apfel eine Augenweide: Die sternförmigen gelb-roten Äpfel reifen spät und bleiben den ganzen Winter über am Baum hängen (falls man sie nicht als Weihnachtsschmuck ins Haus holt).

Der schon seit Römerzeiten bekannte Sternapfel galt immer wieder als ausgestorben: Pierre-Antoine Poiteau kannte diese Rarität nur vom Hörensagen, als er 1830 einen frisch gefällten Sternapfelbaum entdeckte und einige Reiser rettete. 150 Jahre später war die Sorte wieder verschwunden und tauchte nur durch einen Zufall in der Schweiz auf: Ihre Entdeckerin wunderte sich über einen Apfelbaum, der mitten im Winter bizarr geformte Früchte trug, und wandte sich – glücklicherweise – an einen Verein zur Erhaltung alter Obstsorten. Seitdem ist der Sternapi wieder zu haben.

Über seine geschmacklichen Qualitäten streiten die Experten allerdings: Poiteau vermutete, seine Verächter hätten einfach zu früh gekostet – dieser Apfel entfalte sein Aroma erst im Mai oder Juni, wenn andere Äpfel und Birnen an Qualität verlieren. Andere nannten ihn »mehr Zier- als Wirtschaftsapfel« oder fanden ihn schlicht fade. Wer sichergehen will, kann inzwischen auf eine angeblich aromatischere Neuzüchtung zurückgreifen, die dem echten Sternapfel äußerlich ähnelt – allerdings ohne dessen 2000-jährige Geschichte …

SYNONYME
Pfaffenkäpple, Sternapi, Api étoilé, Pomme étoilée

BESCHREIBUNG
bizarres fünfeckiges Äpfelchen

HERKUNFT
sehr alt, wohl von den Römern in Nordeuropa eingeführt

FRUCHT
klein, fünfeckig, gelbgrün mit roten Wangen

AROMA
mild, nach längerer Lagerung als Tafelapfel nutzbar

REIFE
pflückreif ab Ende Oktober, genussreif Januar bis Juni

BAUM
robust, hält die Früchte bis in den Winter

Trierer Weinapfel

Ein Apfel für die Flasche

Börtlinger Weinapfel, Erbachhofer Mostapfel, Trierer Weinapfel: In vielen deutschen Ortschaften wurden (und werden) Apfelsorten angebaut, die sich besonders gut für Saft und Wein eignen. Wie all diese »Mostäpfel« ist der Rote Trierer Weinapfel eher klein und säuerlich, dafür erscheinen die Früchte in üppiger Fülle und ergeben einen viel spritzigeren, interessanteren Saft als süßliche Tafeläpfel. Sie sollten möglichst spät geerntet und einige Wochen draußen in Haufen gelagert werden, empfiehlt das Fachbuch *Unsere besten deutschen Obstsorten* – dann liefern sie einen »ganz vorzüglichen und sehr hellen Obstwein«.

Wer das ausprobieren will, kann die eigenen Äpfel – ob Weinäpfel oder andere – in einer Kelterei pressen lassen und als fertig pasteurisierten Saft oder allmählich vergärenden Most mit nach Hause nehmen. Noch bis in die 1970er-Jahre war es in vielen Gegenden Deutschlands üblich, ein Fass Most aus eigenen Äpfeln für den Winter im Keller zu lagern. Heute ist Apfelwein vor allem in Hessen verbreitet – dort wird der »Äppelwoi« aus Tonkrügen, sogenannten »Bembeln« ausgeschenkt. Für alle, die ihn zu säuerlich finden, gibt es inzwischen andere delikate Apfelgetränke: Kleine Keltereien verkaufen naturtrüben Apfelsaft von Streuobstwiesen, und experimentierfreudige junge Winzer versuchen sich an Cidre, also Apfelschaumwein – dabei entstehen so aufregende Getränke wie »sortenreiner Frizzante aus Kaiser-Wilhelm-Renetten«, »Altländer Bio-Apfelsecco« oder »barrique-ausgebauter Apfelwein aus Champagner-Reinetten«.

SYNONYME
Roter Holzapfel, Roter Trier'scher Weinapfel, Trankapfel

BESCHREIBUNG
besonders ertragreicher Saft- und Mostapfel

HERKUNFT
Trierer Gegend, vor 1872

FRUCHT
klein und zahlreich, rötlich-grün

AROMA
fest, saftig, säuerlich herb

REIFE
pflückreif Oktober/November, lagerfähig bis April

BAUM
mag wärmere Lagen, für Streuobstwiesen und Straßenränder

Weißer Winterkalvill

Fürstliche Frucht zu fürstlichen Preisen

»Erdbeeren, die mit Champagner angemacht sind« – »feiner, gewürzhafter Geschmack« – »köstliches, süßweiniges Aroma« – »duftet wie Veilchen« – »angenehm zimtartig, weinig« – »süß-säuerlicher Erdbeergeschmack«. Mit blumigen Worten umschrieben Obstkenner vergangener Jahrhunderte das besondere Aroma des Weißen Winterkalvills; nicht ohne Grund hieß er auch Erdbeer- oder Himbeerapfel.

Der »König der Äpfel« gehörte schon zu den – wenigen – Apfelsorten, die im *Potager du Roi* von Versailles angebaut wurden; Jean-Baptiste de La Quintinie, der Chefgärtner Ludwigs XIV., pries ihn als »ganz hervorragend zum Rohessen«. Claude Monet verewigte die unverkennbaren gerippten Früchte 1880 in seinem *Stillleben mit Äpfeln und Trauben*, und um 1900 war der Weiße Winterkalvill der gesuchteste und kostbarste Apfel Europas. Die Südtiroler Obstgärten rings um Meran umwickelten ihre an frei stehenden Spalieren gezogenen Kalville einzeln mit Papier, sobald sie walnussgroß waren. Ausgewachsen wurden sie dann zu horrenden Preisen verkauft, unter anderem an den russischen Zarenhof – ein einziger Weißer Winterkalvill kostete so viel wie ein gutbürgerliches Mittagessen für drei Personen.

Allerdings ist diese Sorte ebenso heikel und wählerisch wie ihre damaligen Liebhaber: Passt ihr der Standort nicht, schrieb Nicolas Gaucher, wird sie »von allen erdenklichen Übeln heimgesucht«, und der Würzburger Pomologe Johann Mayer klagte, sie leide, wenn sie nicht sorgsam am Spalier gezogen werde, an »Krebs, Kraftlosigkeit und Kränklichkeit«.

SYNONYME
Erdbeerapfel, Himbeerapfel, Paradiesapfel, Quittenapfel, Calville blanche

BESCHREIBUNG
galt um 1900 als bester aller Tafeläpfel

HERKUNFT
Frankreich, vor 1598

FRUCHT
groß, stark gerippt, grünlich-gelb mit rotem Hauch

AROMA
zartes Fleisch von exzellentem Aroma

REIFE
pflückreif Oktober, genussreif Dezember bis April

BAUM
extrem anfällig und anspruchsvoll, am besten als Spalier an Südmauern zu ziehen

Weitere empfehlenswerte Sorten

p – pflückreif
g – genussreif, in Monaten

SOMMERÄPFEL

Roter Astrachan – robuster, strahlend dunkelroter Augustapfel aus Russland mit leicht rötlich angelaufenem Fleisch (p + g 8)
Schöner aus Bath – gelb-rot gestreifter, aromatischer britischer Sommerapfel für warme Lagen, reift nach und nach (p + g 8)

HERBSTÄPFEL

Berner Rosenapfel – violett überhauchter, hübsch dunkelroter Tafelapfel aus der Schweiz mit Himbeeraroma und zartem Duft (p 9, g 9–1)
Danziger Kantapfel – knallroter Herbstapfel mit markanter Rippe, sehr alte Sorte, gut für raue Lagen (p 9, g 10–12)
Holsteiner Cox – für unser Klima eher geeigneter, sehr aromatischer Verwandter von Cox Orange, braucht milde Winter (p 10, g 10–12)
Seestermüher Zitronenapfel – riesiger zitronengelber, von Natur aus krankheitsresistenter Apfel aus Norddeutschland (p 9, g 9–11)

WINTERÄPFEL

Altländer Pfannkuchenapfel – nach seiner flachen Form benannter großer und robuster, gut lagerfähiger norddeutscher Kochapfel (p 10, g 2–5)
Brettacher – Streuobstsorte aus Württemberg, besonders anspruchslos, fruchtbar und vielseitig zu nutzen (p 10, g 12–5)

Freiherr von Berlepsch – berühmter, sehr vitaminreicher und aromatischer rot-gelber Tafelapfel für milde Lagen (p 9–10, g 1–3)

Gewürzluiken – gelb-rote württembergische Traditionssorte mit würzig-süßsaurem Aroma, saftig, fest und knackig (p 10, g 10–3)

Glockenapfel – großer, glockenförmiger gelber Apfel, erfrischend säuerlich, lange lagerfähig, braucht kundigen Schnitt (p 10, g 1–5)

Kanadarenette – großer, ledrig aussehender Tafelapfel von hervorragendem kräftigem Aroma, für warme Lagen und Spaliere (p 10, g 12–4)

Krügers Dickstiel – kurios bunt gefärbter, auch »Farbenschachtel« genannter Apfel mit feinem süßsäuerlichem Aroma (p 10, g 12–2)

Purpurroter Cousinot – ergibt rosa Apfelmus und Saft, prächtig dunkelrote, längliche alte Apfelsorte, robust (p 10, g 12–6)

Rheinischer Bohnapfel – auffallend fassförmiger, robuster Koch- und Saftapfel mit kräftigem Aroma, besonders lange lagerfähig (p 10–11, g 2–6)

Roter Eiserapfel – wurde früher in Erdmieten gelagert; uralter, angeblich bis zu drei Jahre lang haltbarer Wirtschaftsapfel (p 10, g 12–6 oder länger)

Roter Winterkalvill (Abb. S. 16/17) – gerippter, strahlend dunkelroter Tafelapfel mit Beerenaroma, für gute Böden (p 9, g 10–1)

Weißes Seidenhemdchen – außergewöhnlich haltbarer, knackiger, weißlich-roter Apfel mit hübschem Namen (p 10, g 1–6)

Dass diese beiden Obstarten mit ihren samtigen Früchten hier zusammen behandelt werden, ist kein Zufall: Einst galt die Aprikose als Unterart des Pfirsichs; ihr deutscher Name leitet sich von *Persica praecocia*, »frühreifer Pfirsich«, ab. In seinem *Kräuterbuch* von 1560 beschrieb Hieronymus Bock vier Arten von Pfirsichen: weißfleischige, gelbfleischige, rotfleischige – und den »Johanns- oder Sommerpfersing«, also die Aprikose.

Pfirsiche werden im deutschen Sprachraum schon seit dem Mittelalter kultiviert, zu den ältesten Sorten gehört der Rote Weinbergpfirsich. Erst im 16. Jahrhundert kam die Aprikose hinzu, die wie der Pfirsich warme Lagen liebt. Für kühlere Stellen sind allenfalls »kernechte« einheimische Pfirsichsorten zu empfehlen – sie lassen sich durch Aussaat vermehren und gedeihen auch ohne wärmende Spaliermauern. Wer aber ein sonniges Fleckchen hat, kann mit einem eigenen Aprikosenbaum und etwas Glück eine Offenbarung erleben, die mit den stets zu früh geernteten, teigig-faden Früchten im Handel nichts zu tun hat: voll ausgereifte, überfließend saftige, üppig süße Aprikosen.

Aprikosen & Pfirsiche

Aprikose von Nancy

Französischer Klassiker fürs Spalier

Die »Kandelaber-Palmette« sei ideal für die Nancy-Aprikose, empfahl der Obstexperte Wilhelm Lauche 1882 – in dieser Form gedeihe sie sehr gut an Westmauern. Da die hohe Kunst des Baumschnitts in der Zwischenzeit leider etwas in Vergessenheit geraten ist, sei hiermit erläutert: Der Aprikosenbaum sollte vor einer Mauer ungefähr in Form eines siebenarmigen Leuchters gezogen werden, also mit parallelen, quer aus dem Stamm ragenden Seitenästen, die sich dann viertelkreisförmig nach oben biegen. (Übrigens war die Kandelaber-Palmette nur eine der diffizilen Schnittformen des 19. Jahrhunderts; es gab auch die »Kronenpyramide«, den »doppelten Becherbaum« oder die »spiralförmigen Cordons« …)

Sinn und Zweck dieser komplizierten Erziehungsformen war es, dem Baum Wärme und Licht zu verschaffen – von beidem braucht die Nancy-Aprikose nämlich so viel wie möglich. An einem frei stehenden Baum, nörgelte der Pomologe Pierre-Antoine Poiteau, bleibt sie in unseren Breiten bei zu großer Trockenheit »klein, hart und ohne Aroma«, bei Nässe »fault sie oben, bevor sie unten reif ist«. Als Spalier vor einer Mauer gezogen, schmecke sie dagegen schnell teigig und sei eher etwas für das Auge als für den Gaumen. Er gab allerdings zu, dass sie »sicherlich die dickste und beste aller Aprikosen« sei, und verriet einen Trick, mit dem man sie sicher identifizieren kann: Wie auf dem Bild zu sehen, hat der Kern der Nancy-Aprikose ein Loch, das so gerade ist, dass man eine Stecknadel hindurchschieben kann.

SYNONYME
Pfirsichaprikose, Württemberger Aprikose, Abricot-pêche

BESCHREIBUNG
beliebter Aprikosen-Klassiker

HERKUNFT
wohl aus Nancy, Frankreich, um 1750

FRUCHT
mittelgroß bis groß, orange-gelb mit karminrot gepunkteter Backe

AROMA
am Baum ausgereift sehr saftig und aromatisch

REIFE
pflück- und genussreif Ende Juli bis Mitte August

BAUM
nur für warme Lagen oder als Spalier, spätfrostgefährdet

Roter Weinbergpfirsich

Herbe Schönheit von steinigen Hängen

Jahrhundertelang überhauchten im April betörend rosarote Wolken die kargen Hänge des unteren Moseltals – die Pfirsichblüten. Schon im Mittelalter entdeckten die ortsansässigen Weinbauern, dass sich auf ihren steinigen, warmen Böden nicht nur Rieslingreben wohl fühlten, sondern auch Rote Weinbergpfirsiche mit ihrem kräftigen, leicht herben Aroma. Die Pfirsichbäume zog man selbst aus Samen, die aromatischen rotfleischigen Früchte wurden eingemacht. In den 1970er-Jahren wäre es damit beinahe vorbei gewesen: Ein Großteil der Pfirsichbäume an der Mosel wurde im Zuge der Flurbereinigungen gefällt.

Erst in den letzten Jahrzehnten erlebt dieses kulinarische und ökologische Erbe eine Renaissance: Die Anbauer gründeten gleich mehrere Vereine und pflanzten mit Unterstützung des Landes Rheinland-Pfalz neue Pfirsichhaine; inzwischen gibt es wieder etwa 15.000 Bäume. Sie bieten Lebensraum für bedrohte Arten wie Smaragdeidechse oder Zippammer, erfreuen Spaziergänger mit ihrer prächtigen Blüte und liefern ebenso delikate wie dekorative lokale Spezialitäten – knallrote Konfitüren, Gelees und Liköre.

Geplant ist sogar, den »Mosel-Weinbergpfirsich« als geschützte EU-Ursprungsbezeichnung eintragen zu lassen wie die »Stromberger Pflaume«, die »Wachauer Marille« oder die »Lothringer Mirabelle«. Auch sie sind nicht nach ihrer Sorte benannt, sondern nach der Herkunft – und wer weiß: Vielleicht wird ja der Mosel-Weinbergpfirsich eines Tages so bekannt sein wie Schwarzwälder Schinken oder französischer Champagner.

SYNONYME
Blutpfirsich, Pêche cardinale, Sanguinole

BESCHREIBUNG
rotfleischiger Pfirsich der deutschen Weinberge

HERKUNFT
wohl Frankreich, schon im Mittelalter bekannt

FRUCHT
dunkelrot mit grauem Flaum

AROMA
blutrotes, aromatisches Fleisch, besonders zur Verarbeitung geeignet

REIFE
pflück- und genussreif Mitte September bis Mitte Oktober

BAUM
prächtige Blüte und Herbstfärbung, samenecht, für warme Lagen

Venusbrust

Samtiger Pfirsich mit anzüglichem Namen

»Rundlich und wie eine Brust geformt, mit einer Spitze wie eine Zitze« – der Franzose Jean Merlet drückte sich deftig aus, als er 1675 die Venusbrust beschrieb, die für die Obstmärkte von Paris an den berühmten, Hunderte von Kilometern langen Spaliermauern von Montreuil kultiviert wurde. Hundert Jahre später nannte der adelige Pomologe Henri Duhamel du Monceau diesen Pfirsich deutlich genierlicher »ein gutes Abbild des Objekts, nach dem er benannt ist«. Es wurde nicht mehr beim Namen genannt, dieses Objekt, und im prüden 19. Jahrhundert tadelte André Leroy die »gallische Unverblümtheit unserer Vorväter« bei der Namensgebung.

Andere ließen sich von der Venusbrust zu schwülstigen Pomologen-Pornos inspirieren: »Eine mit einer zarten Wolle überdeckte Spitze hat sich, wie ein Rosenknöspchen, an der Stelle [der Blüte] erhoben. Die [...] Schale ist durchaus fleischfarb, besonders von der Spitze an [...], wo eine leichte Röte, wie auf Rosenwangen, beginnt. Die Wolle der Haut ist so zart, dass sie kaum bemerkt wird. Das schneeweiße Fleisch hat bloß um den Stein [...] eine liebliche Rosenröte.« So beschrieb Gottlieb Wilhelm 1815 die »Schönste der Schönen«.

Immerhin hatte er auch einen Rat, wie sich die herrliche, aber sehr saftige Venusbrust – die heute noch in französischen Baumschulen zu finden ist – am besten essen lässt: Man legt sie in einen Becher, in den sie genau halb hineinpasst, zieht die Haut mit zwei Pinzetten ab und isst das Fruchtfleisch mit einem Teelöffel.

SYNONYME
Spitzpfirsich, Pêche à tétin, Téton de Vénus

BESCHREIBUNG
angeblich der schönste aller Pfirsiche

HERKUNFT
Frankreich, vor 1675

FRUCHT
fleischfarben, zart gerötet, mit kleiner Spitze

AROMA
weißes Fleisch, aromatisch und sehr saftig

REIFE
pflück- und genussreif Ende September

BAUM
braucht viel Wärme, am besten als Spalier vor einer Südwand

Weitere empfehlenswerte Sorten

p – pflückreif
g – genussreif, in Monaten

APRIKOSEN
Aprikose von Breda – angeblich von Afrika nach Holland exportierte gelbe Sorte aus dem 18. Jahrhundert mit besonders leckeren, mandelartig schmeckenden Kernen (p + g 8)
Bergeron – spät blühende und daher relativ frostsichere Sorte mit mittelgroßen Früchten, auch für kühlere Lagen, Frankreich, um 1920 (p + g 8)
Bisamberger Knödelmarille – alte österreichische Sorte aus der früh reifenden, kleinfruchtigen Gruppe der sogenannten »Knödelmarillen« (p + g 7)
Luizet – robuste, feste, rötliche Aprikose, um 1850 in Frankreich gezüchtet und heute vor allem in der Schweiz verbreitet (p + g 7–8)
Mombacher Frühaprikose – in Rheinhessen »Malede« genannte Lokalsorte, robuste Bäume mit sehr aromatischen, eher kleineren rot-gelben Früchten (p + g 7)
Ungarische Beste – großfruchtiger Zufallssämling aus Ungarn, eine der in Österreich als »Wachauer Marillen« bekannten Sorten (p + g 7–8)
Wilde Marille (Abb. S. 58/59) – in asiatischen Ländern wild vorkommende Urform der Aprikose, robuster Großstrauch mit kleinen süßen Früchten (p + g 7–8)

PFIRSICHE

Anneliese Rudolph – spät blühende und daher frostfeste Sorte von 1911 mit hübschen großen Blüten, ertragreich und starkwüchsig, weißfleischige Früchte (p + g 8)

Gelbfleischiger Kernechter vom Vorgebirge – 1985 als Zufallssämling in Landau gefunden, leckere gelbfleischige Variante des Klassikers (p + g 9)

Kernechter vom Vorgebirge – wohl identisch mit »Roter Ellerstädter«, klassischer Pfirsich der Kleingärten, leicht durch Aussaat vermehrbar, süße, weißfleischige, mittelgroße Früchte, wenig anfällig für Kräuselkrankheit (p + g 9)

Nektarine Frühe von Croncels – im 19. Jahrhundert von der bis heute existierenden Baumschule Baltet-Dumont gezüchtete hellfleischige, saftige Nektarine (p + g 8)

Proskauer Pfirsich – sehr frostharte schlesische Sorte, 1871 als Zufallssämling eines texanischen Pfirsichs entstanden, weißgelbes Fleisch (p + g 8–9)

Red Haven – saftige gelbfleischige US-Züchtung von 1930, braucht warmen Boden, anfällig für Kräuselkrankheit (p + g 8)

Rekord aus Alfter – robuster, besonders schön rot gefärbter kernechter Pfirsich mit weißgelbem Fleisch, um 1930 bei Bonn entstanden (p + g 8–9)

Wassenberger Sämling – von Slow Food in die »Arche des Geschmacks« aufgenommene, besonders starkwüchsige rheinische Sorte, intensives, leicht herbes Aroma, ideal zum Einkochen (p + g 8–9)

Erst relativ spät haben Beeren den Weg in unsere Gärten gefunden. Früher schickte man einfach die Kinder zum Beerensammeln in den Wald – davon erzählen Märchen und Kindergeschichten von *Hänschen im Blaubeerwald* bis zu *Erdbeeri Mareili*. Wer Beeren im Garten haben wollte, grub wilde Sträucher aus und setzte sie um. Nur die Erdbeeren spielten eine Sonderrolle – sie dienten schon in den mittelalterlichen Paradiesgärtlein als Zierpflanzen und wurden später in fürstlichen Gärten unter Glas gezogen.

Erst im 19. Jahrhundert begann die große Zeit der Beerenzucht – die Franzosen züchteten Johannisbeeren, englische Gärtner spezialisierten sich auf Stachelbeeren, und in Deutschland entstand eine Vielzahl neuer Erdbeersorten. Anders als bei Äpfeln, Kirschen oder Birnen haben die Wildformen aber bis heute ihre Liebhaber. Herb-süße Walderdbeeren, wilde Brombeeren vom Waldrand oder süß-säuerliche Waldhimbeeren sind modernen, auf möglichst große Früchte ausgerichteten Zuchtformen oft vorzuziehen – das Gleiche gilt für die aromatischen alten Gartensorten.

Beeren

Johannisbeere Weiße Kaiserliche

Zarte Aristokratin von vornehmer Blässe

Weltanschaulich steht die weiße Johannisbeere ganz klar auf Seiten der Monarchie: Wer hier alte Sorten sucht, hat die Auswahl zwischen der Weißen Kaiserlichen und der – eher königlich betitelten – Weißen Versailler; aristokratisch elegant sind die zarten Beeren in jedem Fall. »Perlbeere« nannte Friedrich Dochnahl die Weiße Kaiserliche im 19. Jahrhundert, und mit ihrem transparenten, dezent cremeweiß schimmernden Fruchtfleisch hat sie tatsächlich etwas von einer Perle.

Im Französischen wird sie interessanterweise sowohl »weiße« als auch »gelbe« Kaiserliche genannt – aus gutem Grund: Wenn sie heranreift, durchläuft diese Johannisbeere einen interessanten Farbwechsel von Milchweiß über Vanillegelb bis zu einem zarten Cognacbraun, wie der österreichische Sortenerhaltungsverein Arche Noah in seinem Sortenporträt beschreibt. Am besten schmeckt die Weiße Kaiserliche, wenn man sie frisch vom Busch isst. Ihr prickelnd süßes Fruchtfleisch ist mild und aromatisch, weder so säuerlich wie das der roten Johannisbeere noch so herb wie das der schwarzen. Eine weitere Verwendung dürfte in der Kaiserzeit noch nicht bekannt gewesen sein: Die tiefgefrorenen Beeren sind eine wunderbare Zugabe für alle hellen Sommerdrinks vom Holundersirup bis zur Weißweinschorle – die kühlen Perlen fungieren als Dekoration, Eiswürfel-Ersatz und feine Aromazutat. Nur für Marmelade taugt die Weiße Kaiserliche nicht: Wenn man sie kocht, verwandelt sich ihre aristokratisch vornehme Blässe in bräunliche Pampe.

SYNONYME
Perlbeere, Imperial blanc, Imperial jaune

BESCHREIBUNG
berühmte weiße Johannisbeere

HERKUNFT
Frankreich, vor 1860

FRUCHT
sehr lange Traube mit großen, transparent cremeweißen Beeren

AROMA
süß und mild

REIFE
pflück- und genussreif Ende Juni / Anfang Juli

BUSCH
mag warme Lagen, auch als Hochstämmchen kultivierbar

Moschuserdbeere Capron royal

Der Erdbeerduft vergangener Jahrhunderte

Chaperon Rouge heißt das Rotkäppchen auf Französisch, und der allererste Sortenname, den je eine Erdbeere bekam, war *Chapiron*, Häubchen. So taufte der flämische Botaniker L'Obel, nach dem die Lobelie benannt ist, im Jahr 1576 die Moschuserdbeere; er fand, sie sehe aus wie ein Kopf mit einem kleinen Hütchen. Bis heute unterscheidet man in Frankreich *fraises* und *caprons* – streng genommen ist die Moschuserdbeere nämlich keine Sorte, sondern eine eigene Art, *Fragaria moschata*. Sie ist kleiner als unsere modernen Gartenerdbeeren, die aus zwei amerikanischen Arten gekreuzt wurden, aber deutlich größer als die europäische Walderdbeere, und sie wächst so hoch, dass man früher kleine »Erdbeersträuße« daraus zu binden pflegte.

In Deutschland, insbesondere in den Vierlanden bei Hamburg, wurden Moschuserdbeeren bis zum Ende des 19. Jahrhunderts im großen Stil angebaut; wegen ihres herrlichen Duftes nannte man sie auch Zimt- oder Muskatellererdbeeren. Inzwischen wurden sie von robusteren Sorten verdrängt – zum Essen »von der Hand in den Mund« sind sie aber nach wie vor unübertrefflich. Als besonders lecker galt die, wie Pierre-Antoine Poiteau schrieb, »ihres Namens würdige« Sorte *Capron royal*, die wegen ihrer zwittrigen Blüten besonders leicht anzubauen ist. Diese Sorte wurde auch im Garten von Versailles kultiviert, und Feinschmecker, die sie heute wieder anbauen, befinden sich in illustrer Gesellschaft: Angeblich aß König Ludwig XIV. so viele Moschuserdbeeren, dass er davon Nesselfieber bekam …

SYNONYME
Königs-Moschuserdbeere, Capron hermaphrodite, Prolific Hautbois

BESCHREIBUNG
stark duftende, besonders aromatische Erdbeere

HERKUNFT
wohl Frankreich, um 1776

FRUCHT
mittelgroße ovale Beeren mit weißem Fruchtfleisch

AROMA
intensives Muskateller-Aroma

REIFE
pflück- und genussreif Juni/Juli

PFLANZE
bildet hohe, blumenstraußartige Horste

Stachelbeere
Early Green Hairy

Knallgrün, kugelrund, köstlich

Die Stachelbeere spaltete Europa. Im Frankreich des 19. Jahrhunderts teilte man sie schlicht in vier Gruppen ein: behaart oder glatt, grün oder rot. »Bei uns war man bisher damit zufrieden, sie als Würze für Makrelen zu verwenden«, stellte der Franzose Pierre-Antoine Poiteau fest und spottete: »Wir haben Schwierigkeiten, das riesige Interesse zu begreifen, das man dieser Frucht auf der anderen Seite des Ärmelkanals entgegenbringt.« In England tobte nämlich das Stachelbeer-Fieber – um 1850 gab es dort rund tausend verschiedene Sorten grüner, weißer, roter, violetter oder gelber Stachelbeeren, und Hunderte von lokalen *Gooseberry Societies* veranstalteten Wettbewerbe, auf denen die interessantesten Neuzüchtungen und die schönsten und größten Früchte prämiert wurden.

Bis heute tragen die meisten Stachelbeersorten englische Namen – auch die »Aehrli Grihn Hähre«, wie Lorenz von Pansner 1852 fürsorglich für seine deutschen Leser ausbuchstabierte (er lieferte auch Aussprachehilfen für die Sorten »Bläck Ihgl«, »Bjuti aff Inglend« und »Roijel Dschordsch«). Die »Frühe Grüne Haarige« bleibt auch im reifen Zustand knallgrün, schmeckt aber zuckersüß. Ihre deutsche Bezeichnung »Früheste Grosselbeere« konnte sich allerdings ebenso wenig durchsetzen wie die übrigen Kategorien, die der Pomologe Friedrich Dochnahl 1860 zur Einteilung der Stachelbeeren vorschlug – darunter Wortschöpfungen wie »Klosterbeere« (rot, rund, glatt), »Glasbeere« (weiß, länglich, haarig) oder »Goldbeere« (gelb, rund, glatt).

SYNONYME
Früheste Grosselbeere,
Green Gascoigne, Petite-verte
ronde hérissée

BESCHREIBUNG
früh reifende, kleine,
zuckersüße Stachelbeere

HERKUNFT
England, um 1820

FRUCHT
klein, rund, grün, behaart

AROMA
sehr süß und aromatisch

REIFE
pflückreif Mitte Juli

BUSCH
aufrechter, straffer Wuchs,
wenig anfällig

Weiße Himbeere

Von der Standardsorte zum Gartenmythos

Den letzten weißen Tiger Indiens entdeckte der Maharaja von Rewa 1951 im Dschungel von Bandhavgarh. Er fing das Jungtier ein, sperrte es in einen goldenen Käfig und begann eine Tigerzucht, aus der praktisch alle heute bekannten – und grässlich von Inzucht geplagten – weißen Tiger abstammen.

Jeder weiße Elefant, der in Thailand entdeckt wird, muss dem Königshaus als Kandidat für die royalen Elefantenställe vorgeführt werden; erst 2019 wurde ein (eher rosa getupftes als weißes) Tier dem damals frisch gekrönten König präsentiert. Überzählige weiße Elefanten wurden übrigens verschenkt – die so Geehrten waren verpflichtet, die heiligen und daher arbeitsunfähigen Tiere zu unterhalten und gingen daran nicht selten bankrott.

Und die weiße Himbeere? Niemand weiß, was aus ihr geworden ist. Im Jahr 1601 wurde sie erstmals erwähnt, und noch 1860 schrieb Theodor Dochnahl, sie sei »in Gärten verbreitet«. Heute sind Gartenfreunde vergebens auf der Suche nach schneeweißen Himbeeren; im Internet kursieren Gerüchte und – erfolglose – Suchanfragen. Vielleicht tröstet es die Enttäuschten, dass Obstkenner vergangener Jahrhunderte die weiße Himbeere kritisierten: Johann Ludwig Christ schrieb, sie habe »etwas weniger Parfüm« als die rote, Pierre-Antoine Poiteau fand, ihr fehle es an Aroma.

Wer heute »bunte« Himbeeren sucht, kann also getrost andere alte (wenn auch nicht schneeweiße) Sorten pflanzen – zum Beispiel die Gelbe Antwerpener oder die alte nordamerikanische Himbeersorte Bristol: Sie ist nicht weiß, sondern rabenschwarz.

SYNONYME
Weißfrüchtige Himbeere, Common white, Framboisier à fruit blanc

BESCHREIBUNG
uralte weiße Himbeersorte

HERKUNFT
unklar, schon seit 1601 bekannt

FRUCHT
kleine, spitze, weiße Beeren

AROMA
süßlich, milder als rote Himbeeren

REIFE
pflück- und genussreif Juli/August

BUSCH
etwas empfindlicher als rote Himbeeren, für warme Lagen

Weitere empfehlenswerte Sorten

p – pflückreif
g – genussreif, in Monaten

BROMBEEREN
Theodor Reimers – sehr stachelige, aber überaus aromatische alte Sorte, ideal als »natürlicher Stacheldrahtzaun« (p + g 8–9)
Thornless Evergreen – dornenlose Sorte von 1926 mit hübsch geschlitztem, immergrünem Laub (p + g 8–9)

ERDBEEREN
Hansa – auch »Schwarze Ananas« genannt, 1905 bei Hamburg entdeckte dunkelrote Sorte, besonders süß und aromatisch (p + g 6–7)
Madame Moutot – riesenhafte französische Sorte von 1906, Früchte bis zu 100 g schwer, besonders langlebige, robuste Pflanzen (p + g 6–7)
Mieze Schindler – überaus aromatische ostdeutsche Sorte, 1925 in Pillnitz entstanden und nach der Frau des Züchters benannt (p + g 6–7)
Schöne Wienerin – erst kürzlich wiederentdeckte schwarzrote Moschuserdbeere mit wunderbarem Duft (p + g 6–7)
Weiße Ananas – weiß- bis rosafruchtige Sorte, sehr süß und aromatisch, USA vor 1900 (p + g 7)

HIMBEEREN
Bristol – schwarze nordamerikanische Himbeersorte aus dem Jahr 1934, sehr starkwüchsig und robust, dekorative dunkle Ruten (p + g 7–8)

Gelbe Antwerpener – schon vor 1800 bekannte goldgelbe Himbeersorte (p + g 6–7)

Lloyd George – besonders köstliche, an Waldhimbeeren erinnernde englische Sorte von 1912, trägt in guten Böden zweimal (p + g 7, 9–10)

Schönemann – Himbeerklassiker der deutschen Kleingärten; großfruchtig, aromatisch und reichtragend (p + g 7–8)

JOHANNISBEEREN

Fleischfarbene Champagner (Abb. S. 68/69) – auch *Rose de Champagne* genannt, köstliche zartrosa Johannisbeere, Frankreich, 18. Jahrhundert (p + g 6–7)

Rosenthals Langtraubige – schwarze Johannisbeere, um 1913 in Leipzig entstanden, robust und reichtragend (p + g 7–8)

Rote Holländische – uralte Kirschjohannisbeere mit besonders großen Beeren, auch »Prinz Albert« genannt (p + g 6–7)

STACHELBEEREN

Hönings Früheste – früh reifende, aromatische gelbe Sorte, um 1900 in Neuss entstanden (p + g 6–7)

Rote Triumphbeere – nach ihrem Entdecker auch *Whinham's Industry* genannte Sorte von 1830; dunkelrot, nach und nach reifend (p + g 7)

Weiße Triumphbeere – vor 1850 als *Whitesmith* in England entstanden, saftige weiße Früchte (p + g 7)

»Eine Gute Birn ist denen Aepffeln allezeit vorzuziehen«, schrieb René Dahuron Anfang des 18. Jahrhunderts, und tatsächlich waren Birnen im Europa des 18. und 19. Jahrhunderts groß in Mode. Damals gab es deutlich mehr Birnen- als Apfelsorten – nach manchen Schätzungen über 3000 –, und man versuchte die Fülle mit einem komplizierten »Doppelsystem« zu sortieren, das aus Familie, Reifezeit, Form, Farbe, Fruchtfleisch, Kelchform und Qualität über tausend Kategorien konstruierte: Die Sparbirne gehörte beispielsweise zu den Grünen Langbirnen der Gruppe »IV. 1. (2, 3) c. **†«.

Kein Wunder, dass sich dieses System nicht durchgesetzt hat – heute unterscheidet man schlicht Sommer-, Herbst- und Winterbirnen, außerdem Mostbirnen, die sich vor allem für Saft eignen, und (roh ungenießbare) Kochbirnen. Immerhin sind ein paar der alten Birnenfamilien noch heute bekannt: schmelzende Butterbirnen, rundliche Bergamotten und längliche Flaschenbirnen.

Blutbirne

Rote Birne aus grauer Vorzeit

»Seine Reiser kamen aus dem Lande der Grauen ...« Wie ein Birnbaum aus dem Märchen klingt die Blutbirne in Alexandre Mathieus raunender Beschreibung von 1894. Ihre Herkunft bleibt nebelhaft – wo, bitte, liegt das »Land der Grauen«? Die wunderliche Ortsangabe war schlicht ein Übersetzungsfehler: Mathieu bezog sich auf eine Beschreibung von 1678, in der vom *Pays des Grisons* die Rede ist: dem Schweizer Kanton Graubünden. Es dürfte sich also um eine eidgenössische Birne handeln.

Ihre Geschichte war von Anfang an durch Missverständnisse getrübt. Der schlesische Naturforscher Jan Jonston taufte sie 1662 *Moraporum*, Maulbeerbirne: Er nahm an, die rote Farbe der Blutbirne rühre daher, dass sie auf einen roten Maulbeerbaum aufgepfropft worden sei (und bewies damit schöne Unkenntnis der pflanzenphysiologischen Vorgänge bei der vegetativen Vermehrung von Obstsorten).

Unter Obstkennern war die Blutbirne umstritten. Alexandre Mathieu lobte, sie sei »durch ihre prächtige innere Färbung einzig in ihrer Art«. Friedrich Salzmann, der Hofgärtner Friedrichs des Großen, schmähte sie als »mehr befremdend als gut«, Pierre-Antoine Poiteau fand sie »nicht zu verachten«. Empfehlenswert ist sie bis heute vor allem wegen ihres bildschönen, blutrot marmorierten Fruchtfleischs. Sie schmeckt frisch vom Baum angenehm süß und liefert appetitlich rotes Kompott. Außerdem ergibt sie getrocknet eine ganz besondere Leckerei: Wer könnte schon einer rosenroten gedörrten Birnenscheibe widerstehen?

SYNONYME
Granatbirne, Sommerblutbirne, Sanguinole

BESCHREIBUNG
Sommerbirne mit blutrotem Fruchtfleisch

HERKUNFT
wohl Schweiz, vor 1600

FRUCHT
klein und rundlich, grün mit rot marmoriertem Fruchtfleisch

AROMA
leicht körniges, sehr süßes Fruchtfleisch mit Rosenaroma

REIFE
pflück- und genussreif August / September

BAUM
sehr robust, auch für Streuobstwiesen in Höhenlagen

Dumonts Butterbirne

Eine Birne für Demokraten

Joseph Dumont war eine Ausnahme: Nur selten wurden Obstsorten aus Adelsgärten nach den Gärtnern benannt, die sie tatsächlich gezüchtet hatten. Dumont widerfuhr diese Ehre für seine 1831 aus einem Sämling selektierte Butterbirne, die 1833 sogar preisgekrönt wurde. Er hatte sie im Garten von Schloss Esquelmes in Belgien gezogen, und der Schlossherr Baron von Joigny, Dumonts Arbeitgeber, verzichtete offensichtlich auf die Ehre der Namenspatenschaft. Das war nicht die Regel. Graf Althann aus Böhmen ist bis heute für die hübsche und delikate Graf Althanns Reneklode bekannt – dass sie seinem Gärtner Jan Procházka zu verdanken ist, wissen nur wenige. Das gleiche gilt für den Apfel Großherzog von Baden, den dessen Hofgärtner Fießer 1894 in Baden-Baden gezogen hatte. Auch Wangenheims Frühzwetsche entstammt schlicht dem Garten – nicht etwa der Züchterkunst – des Freiherrn von Wangenheim.

Dumonts Butterbirne hat aber nicht nur den Vorzug eines demokratischen Namens. Diese Birne trägt große, bis zu 400 Gramm schwere Früchte und schmeckt ausgesprochen delikat. Die britische Birnenexpertin Joan Morgan schwärmt in ihrem *Book of Pears*, diese »buttrige, saftige, weißfleischige, sirupsüße, überfließend köstliche« Birne bewege sich von »leicht duftend bis zu üppig parfümierter Boudoir-Qualität«. Leider ist Dumonts Butterbirne heute selten geworden – passenderweise findet man sie in der 370 Jahre alten französischen Traditionsbaumschule ihres zufälligen Namensvetters Eric Dumont.

SYNONYME
Beurré Dumont

BESCHREIBUNG
besonders delikate
Herbst-Tafelbirne

HERKUNFT
Belgien, 1831

FRUCHT
groß, breitbauchig, gelbgrün
mit roten Wangen

AROMA
besonders saftig und süß,
leichter Muskatduft

REIFE
pflückreif Oktober,
genussreif bis Dezember

BAUM
starkwüchsiger,
robuster Baum

Forellenbirne

Bezaubernd schöne Nationalfrucht

Sie sieht tatsächlich aus wie eine Bachforelle: Mit ihrer glänzend gelben Haut, der zinnoberroten Sonnenseite und den vielen grauen, rot umrandeten Pünktchen ist die Forellenbirne eine strahlend schöne Frucht. Als »Blickfang in jedem Garten« lobt der britische Food-Journalist Nigel Slater diese »bezaubernde rot-orangefarbene Frucht mit gesprenkelter Schale«. Außerdem schmeckt sie ganz hervorragend – das feine, saftige, schneeweiße Fruchtfleisch dieser Birne sei »von erhabenem süßweinsäuerlichem, etwas melonenartigem Geschmack«, befand Franz Jahn 1860 im *Illustrirten Handbuch der Obstkunde*.

Prompt erklärte Jahn die Forellenbirne zur »deutschen Nationalfrucht«: »Erzogen in Sachsen, kann sie sich in Güte und Schönheit mit jeder anderen ausländischen neuen Frucht messen.« Eine Birne als Anlass für Vaterlandsstolz? Die nationalistischen Töne hatten ihren Grund: Feine Tafelbirnen kamen seit dem 17. Jahrhundert praktisch samt und sonders aus Frankreich; bis heute tragen viele Birnensorten französische Namen. Das sogenannte »Franzobst« wurde an Zwerg- oder Spalierbäumen gezogen, als Tafelfrüchte; deutsche Sorten galten eher als Koch- und Mostbirnen. Umso willkommener war diese schöne, delikate neue Sorte. Leider ist sie nicht sehr lange lagerfähig – wer eine Birne sucht, die sich bis März hält, sollte sich an eine thüringische Sorte halten, die von der Herbstforellenbirne abstammt und mit ihrer gepunkteten roten Haut (fast) ebenso hübsch aussieht: die »Nordhäuser Winterforelle«.

SYNONYME
Beckenbirne, Herbstforelle, Poire truitée

BESCHREIBUNG
besonders hübsche gepunktete Herbstbirne

HERKUNFT
Halle, 1806

FRUCHT
mittelgroße gelb-rote Birne mit roten Pünktchen

AROMA
saftig, süß, melonenartig

REIFE
pflückreif Oktober, genussreif bis Ende November

BAUM
braucht warme, lockere Erde, sonst nur als Zwergform kultivierbar

Frauenschenkel

Graziös, frühreif, anbetungswürdig

Rosig und gerundet am einen Ende, graziös spitz zulaufend am anderen – der Name dieser Sommerbirne sagt viel über das Schönheitsideal im Frankreich des 17. Jahrhunderts. Übrigens konkurriert die Sparbirne mit mehreren anderen Birnensorten um den Namen »Frauenschenkel«; auch die Römische Schmalzbirne und die Pastorenbirne werden im Volksmund so genannt. Der Pomologe Franz Jahn nörgelte allerdings im 19. Jahrhundert, dass »kein Frauenzimmer wohl die eine Hälfte des Schenkels dunkelgelb, die andere braunrot wird haben wollen« – er hielt eine fast weiße Lokalsorte aus Meiningen für den »wahren« Frauenschenkel.

Der Name Sparbirne wiederum deutet, genau wie Schatzbirne, darauf hin, wie kostbar diese Birne war. Sie reift so früh wie keine andere, genauer gesagt: Noch früher reifende Sorten haben »es nicht verdient, auf dem Tisch von Menschen feinen Geschmacks zu erscheinen« – jedenfalls nach Meinung von Pierre-Antoine Poiteau. Er war ein echter Fan dieser Birne: Sie sei ein »anbetungswürdiges Frühlingsgehölz« und trage die »größten aller Birnenblüten, in dicken Sträußen von reinstem Weiß« – leider allerdings sei »der schlechte Geschmack der Architekten« eher auf sterile Ziergehölze ausgerichtet (ein Problem, das offensichtlich schon seit 180 Jahren besteht).

Ein weiterer, noch 1930 gepriesener Vorzug der Sparbirne ist in unserer wohlhabenden Zeit nicht mehr aktuell: »Infolge der weniger auffallenden Farbe ist sie dem Diebstahl nicht so sehr ausgesetzt.«

SYNONYME
Franzmadame, Schatzbirne, Sparbirne, Cuisse Madame, Epargne

BESCHREIBUNG
besonders früh reifende Sommerbirne

HERKUNFT
Frankreich, 17. Jahrhundert

FRUCHT
mittelgroß, oben spitz zulaufend, grünlich, seitlich gerötet

AROMA
saftig und süß, besonders wohlschmeckend

REIFE
pflückreif Ende Juli bis Mitte August, zwei Wochen haltbar

BAUM
unbeschnitten starkwüchsig, für warme Standorte

Großer Katzenkopf

Ein Klotz von einer Birne

»Schlechte Birnen«, *mauvaises poires*, heißt ein Kapitel in Jean-Baptiste de La Quintinies berühmtem Küchengartenbuch aus dem Jahr 1690 – darin erwähnt er auch die größte aller Birnen: den Großen Katzenkopf, der in Frankreich *Catillac* genannt wird. Warum pflanzte La Quintinie die »schlechte Birne« dennoch im *Potager du Roi* für König Ludwig XIV.? Darüber kann man nur spekulieren. Sicher ist jedenfalls, dass noch im 20. Jahrhundert mehrere von ihm persönlich gesetzte, fast 300 Jahre alte *Catillac*-Bäume im Park von Versailles standen; der letzte wurde erst in den 1960er-Jahren gefällt.

Vielleicht war es ja seine enorme Größe, die dem Großen Katzenkopf einen Platz im Schlossgarten sicherte? Er wird riesig – der Name »Pfundbirne« deutet an, dass die wie ein Katzenkopf geformten Früchte bis zu 500 Gramm wiegen können. Und die – frisch vom Baum tatsächlich ungenießbaren – Riesenbirnen schmecken gekocht ausgezeichnet: Nach Ansicht von Pierre-Antoine Poiteau ergeben sie exzellentes, sehr schön rosiges Kompott; nach längerer Lagerung lassen sie sich angeblich auch roh aus der Schale löffeln.

Heute wird diese alte Sorte wiederentdeckt, denn sie eignet sich ideal für Streuobstwiesen. Nur die Herkunft des Großen Katzenkopfs bleibt unklar. Er taucht auf Bamberger Baumschullisten von 1590 auf, in Frankreich gilt das Dorf Cadillac als Ursprungsort, und Johann Knoop, der erste wissenschaftlich arbeitende Pomologe, tippte 1760 auf den passend benannten thüringischen Ort Katz-Oepfershausen.

SYNONYME
Glockenbirne, Großer Mogul, Klotzbirne, Pfundbirne, Catillac

BESCHREIBUNG
spektakulär große Kochbirne

HERKUNFT
wohl Bamberg, vor 1590

FRUCHT
bis 500 g schwer, gelbgrün mit roter Wange, lange lagerfähig

AROMA
herbes, festes Fruchtfleisch, nur gekocht essbar

REIFE
pflückreif November, genussreif Januar bis Mai

BAUM
breitwüchsig, langlebig und robust, auch für Höhenlagen

Nomen est omen

WIE OBSTSORTEN ZU IHREN NAMEN KOMMEN

Die Gute Luise ist nach einer Dame aus der Normandie benannt. Aber wie kommen andere Sorten zu ihren – oft skurrilen – Namen? Diese Frage beschäftigte schon vor 2000 Jahren Plinius den Älteren. In seiner *Naturgeschichte* schreibt er, manche Sorten würden »ihren Erfindern ein ewiges Andenken stiften« (wie der Kleine Api), andere seien nach ihrer Farbe benannt (wie der Blutapfel), nach ihrer Herkunft, ihrem Geschmack oder ihrer Form. Im Prinzip gilt das bis heute.

Alte Sorten sind Persönlichkeiten: Bei den Birnen geben sich Doktor Jules Guyot, Frau Luise Goethe, die Herzogin von Angoulême und General Tottleben ein Stelldichein, bei den Äpfeln Agathe von Klanxbüll, Geheimrat Dr. Oldenburg, Ingrid Marie und Kaiser Wilhelm.

Alte Sorten sind bunt: Wer mag, kann sich einen ganzen Regenbogen in den Garten pflanzen – vom Weißen Wintertaubenapfel über die Gelbe Eierpflaume bis zur Goldkirsche, vom Purpurroten Cousinot über die Blaue Kriecherl-Pflaume bis zur Grünen Plumpsbirne, von der Grauen Hühnerbirne bis zur Schwarzen Adlerkirsche.

Alte Sorten gibt es überall: Insbesondere bei Äpfeln kann man sich vom Aargauer Jubiläumsapfel bis zur Zabergäurenette praktisch aussuchen, woher die Sorte stammen soll; wer es urban mag, könnte eine Berliner Schafsnase, einen Berner Rosenapfel oder einen Salzburger Rosenstreifling wählen.

Alte Sorten schmecken außergewöhnlich: Der Virginische Rosenapfel oder die Ananasbirne von Courtray verdanken ihren Namen ihrem besonderen Aroma – wie auch die Würgebirne, die roh ungenießbar ist und früher zur Abschreckung von Obstdieben an Feldränder gepflanzt wurde. (Zitronenbirne und Champagnerrenette sind allerdings nicht nach ihrem Geschmack, sondern nach ihrer Form bzw. ihrer Herkunft benannt.)

Alte Sorten sehen ungewöhnlich aus: Bischofshut, Goldschwänzchen und Dattelzwetschge sind besonders anmutig geformte Äpfel, Birnen und Pflaumen – für Breitarsch, Kuhfuß und Roßpauke gilt das Gegenteil.

Und das Beste ist: Alle hier genannten Sorten gibt es heute noch.

Gute Luise von Avranches

Von guten Birnen, guten Damen und der Wahren Guten Luise

Louise de Longueval – so hieß die Gute Luise in Wirklichkeit. Sie lebte mit ihrem Mann im normannischen Städtchen Avranches, und an einem Herbstabend um 1780 hatten die beiden einen Freund zum Essen eingeladen, den Geistlichen und Obstfachmann Abbé le Berriays. Zum Dessert wurde dem berühmten Gast die allererste Frucht eines jungen, selbst ausgesäten Birnbäumchens serviert. Ein Bericht von 1893 schildert seine Reaktion: Der »äußerst artige und aufmerksame Gast wandte sich an die Gattin des Gastgebers, eine durch ihre Tugenden und Wohltaten bekannte Persönlichkeit der Gegend, und an die Tischgenossen mit den Worten: ›Diese neue Birne ist so vollkommen, dass ich Sie bitte, ihr den Namen der Guten Louise von Avranches geben zu dürfen.‹«

So weit, so ehrenvoll – für die gute Birne wie für die gute Dame. Schon kurz darauf kursierte allerdings in Avranches ein boshaftes Kleinstadtgerücht: Monsieur de Longueval habe die *Louise-Bonne* nach seinem Hausmädchen, einer *Bonne* namens Louise benannt, was den Hobbyzüchter »ein wenig lächerlich dastehen ließ«, wie der Pomologe André Leroy empört vermerkte.

Dem Ruf der Guten Luise schadete das Gerücht nicht. Bald galt sie in ganz Europa als so hervorragende Tafelbirne, dass man sie nach adeligen Namenspaten wie dem Prinzen von Württemberg oder König William IV. umtaufte. Heute wird sie wieder Gute Luise genannt, aber man sollte sie nicht mit einer älteren, schlechteren Sorte verwechseln – diese trägt verwirrenderweise den Namen »Wahre Gute Luise«.

SYNONYME
Prinz von Württemberg, William IV., Louise-Bonne d'Avranches

BESCHREIBUNG
exzellente und berühmte Tafelbirne

HERKUNFT
Normandie, um 1780

FRUCHT
groß, klassische Birnenform, gelbgrün mit rot gepunkteter Wange

AROMA
feines, saftig süß-säuerliches Fruchtfleisch

REIFE
pflückreif ab September, genussreif bis Ende Oktober

BAUM
frostanfällig, braucht guten Boden und geschützte Lage

Kleine Muskatellerbirne

Winzige Birne, riesiger Baum

Die kleinste aller Birnen wächst an den größten aller Bäume: In der Nähe von Orges in der Schweiz wurde diese hübsche, uralte Sorte nach langer Suche wiederentdeckt. Dort steht ein mehr als 200 Jahre alter, 25 Meter hoher und weit über einen Meter dicker Baumriese, der bis heute Früchte trägt.

Im 17. Jahrhundert wurde die Kleine Muskatellerbirne aber auch für Obsthecken verwendet: Man pflanzte die Bäume in nur 30 Zentimeter Abstand und setzte Pfosten mit Querlatten dazwischen, an denen die Äste mit Weidenruten befestigt wurden. Nach ein paar Jahren konnte man das Gerüst entfernen und die Birnenhecke einfach mit der Heckenschere in Form schneiden. Vielleicht wäre das ja auch in heutigen Gärten eine schönere Option als Thuja oder Kirschlorbeer? Schmackhafter als diese giftigen Gewächse wäre sie auf jeden Fall: *Superbia*, »die Ausgezeichnete«, taufte Plinius der Ältere diese köstliche Birne, die schon im Alten Rom beliebt war, weil sie als erste aller Birnen reift.

Aber kann man tatsächlich sieben Kleine Muskatellerbirnen auf einmal in den Mund stecken, wie der französische Name dieser Birne, *Sept-en-gueule*, nahelegt? Loriot hätte da wohl keine Zweifel gehabt. In seinem *Großen Ratgeber* schrieb er, ein achtjähriger Knabe könne »42 kleine Zuckereier und einen großen Schokoladenhasen oder 4 Nougateier, ein Marzipanei und 3 mittlere Schokoladenhasen oder 2 hartgekochte Eier und einen ganz kleinen Schokoladenhasen« gleichzeitig im Munde haben. Bestimmt also auch sieben dieser Birnen – sie werden nur ein paar Zentimeter groß.

SYNONYME
Kleine Muskateller, Petit Muscat, Sept-en-gueule

BESCHREIBUNG
winzige, bildhübsche Sommerbirne

HERKUNFT
wohl schon im alten Rom bekannt

FRUCHT
kleine, rundliche gelb-rote Früchtchen

AROMA
feines, süßes Fruchtfleisch

REIFE
pflück- und genussreif Juli

BAUM
robust und starkwüchsig, für Hochstämme oder Hecken

Die Birne des Herrn von Ribbeck

VON GUTSHERREN UND BIRNBÄUMEN

Herr von Ribbeck auf Ribbeck im Havelland,
Ein Birnbaum in seinem Garten stand,
Und kam die goldene Herbsteszeit
Und die Birnen leuchteten weit und breit,
Da stopfte, wenn's Mittag vom Turme scholl,
Der von Ribbeck sich beide Taschen voll,
Und kam in Pantinen ein Junge daher,
So rief er: »Junge, wiste 'ne Beer?«
Und kam ein Mädel, so rief er: »Lütt Dirn,
Kumm man röwer, ick hebb 'ne Birn.«

So beginnt eines der bekanntesten deutschen Gedichte – wer es kennt, weiß, wie es weitergeht: Der freundliche Gutsherr fühlt sein Ende nahen und sorgt sich, sein geiziger Sohn könne den Kindern in Zukunft keine Birnen mehr gönnen. Listig lässt er sich eine Birne mit ins Grab geben, und nach einigen Jahren sprießt ein neuer Birnbaum darauf.

Mit seinen Versen setzte Theodor Fontane dem Gutsherrn Hans Georg von Ribbeck (1689–1759) ein Denkmal; auf dessen Grab stand in der Tat ein Birnbaum, der erst 1911 einem Sturm zum Opfer fiel. Seitdem wurden in Ribbeck immer neue Birnbäume gesetzt – auf dem Friedhof, im Pfarrgarten, am Schloss und in mehreren »Birnengärten«.

Nur die echte Ribbeck-Birne war nicht dabei. Erst vor Kurzem fand man heraus, um welche Sorte es sich gehandelt haben muss: die Römische Schmalzbirne, die im Barock im Havelland verbreitet und robust genug war, um die sogenannte Kleine Eiszeit zu überstehen. Jetzt gedeihen wieder »echte« Ribbeck-Birnen im Havelland.

Herr von Ribbeck ist auch zurück. Die Familie hat schwere Zeiten hinter sich – der letzte Schlossherr als Hitler-Gegner im KZ ermordet, die Familie vertrieben, das Schloss zu DDR-Zeiten enteignet. Inzwischen ist ein Nachfahre wieder da: Friedrich von Ribbeck beschäftigt sich passenderweise mit der Herstellung von Birnenbrand und Birnenessig.

Römische Schmalzbirne

Sechzig Birnen und ein Reformator

Am 2. Dezember 1559 legte der Reformator Philipp Melanchthon auf dem Weg zum Kurfürsten von Sachsen eine Pause ein – er besuchte den Pfarrer von Jessen an der Elster. »Dieser fühlte sich durch solchen Besuch hoch geehrt und wartete dem berühmten Mann auch mit seinen trefflichen Birnen auf«, erzählt Ludwig Bechstein in seiner Sage *Die Melanchthonsbirnen*. »Sie waren von sonderlich schöner Art, auf der einen Seite rot, auf der anderen gelb gesprenkelt, und überaus wohlschmeckend. […] Philippus fand diese Birnen so ausgezeichnet, dass er nahe an ein Schock sich schenken ließ und sie dem Kurfürsten und dessen Gemahlin mitbrachte.« Der Kurfürst war von Melanchthons Gastgeschenk überaus angetan und ließ sich von der Herkunft der Birnen und dem fleißigen Pfarrherrn zu Jessen berichten. Melanchthons Lob hatte »einen so trefflichen Erfolg«, dass der Kurfürst den Pfarrerskindern ein Stipendium für die Fürstenschulen gewährte.

Zwei Stipendien für »an ein Schock« Birnen, also knapp sechzig Stück – ein schöner Lohn für Pfarrer Göch (der offensichtlich auch wusste, wie man die Birnen bis Dezember lagert). Zum Dank taufte er die Frucht – eine uralte Sorte, die Römische Schmalzbirne – »Melanchthonsbirne«. Später pflanzte er sie in den Pfarrgarten von Pegau und bat seine Nachfolger brieflich, »die Herren Successoren wollen des selbigen Baums schonen«. In der Tat stand der Baum noch bis 1906. Noch fünf Jahre länger überlebte die Römische Schmalzbirne eines brandenburgischen Gutsherrn: die des Herrn von Ribbeck auf Ribbeck im Havelland.

SYNONYME
Melanchthonsbirne,
Beurré romain

BESCHREIBUNG
die berühmte Birne des
Herrn von Ribbeck

HERKUNFT
wohl von den Römern
nach Deutschland
gebracht

FRUCHT
mittelgroße, sehr schön
zitronengelbe Früchte
mit roter Wange

AROMA
besonders aromatisches,
saftiges Fruchtfleisch

REIFE
pflück- und genussreif
August / September

BAUM
besonders frostfest,
langlebig und robust

Schweizerhose

So prächtig gestreift wie die päpstliche Garde

Blau-gelb gestreift müsste die Schweizerhose eigentlich sein, nicht grün-gelb: Die Uniform der Schweizergarde, seit 1506 Wachbataillon der Päpste im Vatikan, lehnt sich an die Farben des Hauses Medici an. Ihre prächtigen Kniehosen sind mit blauen und gelben Stoffstreifen verziert, die sich lose über rotem Samt bauschen, und tatsächlich dürfen bis heute nur Schweizer diese Hosen tragen. Wer in die päpstliche Garde eintreten will, muss Schweizer Staatsbürger sein, außerdem katholisch, ledig und höchstens dreißig Jahre alt – und natürlich männlich.

Mit ihrer rundlichen Birnenform und den Längsstreifen erinnert die Schweizerhose in der Tat an die vatikanischen Beinkleider, nach denen sie benannt ist – und es könnte sein, dass sie auch genauso alt ist wie die Schweizergarde: Schon 1675 lobte Jean Merlet die *Bergamotte Suisse* für ihren reichen Ertrag, und sein Kollege La Quintinie schrieb, man solle wegen der Schönheit ihrer Farben lieber diese Sorte pflanzen als die einfache grüne Bergamotte. Übrigens stritten sich die Fachleute später, ob die Schweizerhose nun mit der *Verte longue panachée* oder der *Bergamotte Suisse panachée* identisch sei – im 19. Jahrhundert, der Blütezeit der Birnenzucht, gab es etwa zwanzig gestreifte Sorten, von der Gestreiften Amanlis Butterbirne bis zur Gestreiften Williams Christ. Heute ist wohl nur noch die Schweizerhose übrig. Wer diese außergewöhnliche Birne anpflanzt, sollte sie nach der Ernte nicht zu lange lagern: Nach einiger Zeit verblassen die Streifen.

SYNONYME
Gestreifte Bunte Herbstbirne, Bergamotte Suisse panachée, Verte-longue panachée

BESCHREIBUNG
auffallend gelb-grün gestreifte Birnensorte

HERKUNFT
wohl Schweiz, vor 1675

FRUCHT
klein bis mittelgroß, grün mit gelben und rosa Streifen

AROMA
feines, saftiges Fruchtfleisch mit leichtem Rosenaroma

REIFE
pflückreif Mitte Oktober, genussreif bis November

BAUM
ertragreich, für warme Lagen oder als Spalier, mit gestreiften Trieben

Stuttgarter Gaishirtle

Mal knackig, mal verhutzelt, immer lecker

Ein Gaishirtle (für Nicht-Schwaben: ein kleiner Ziegenhirt) soll diese Birne Mitte des 18. Jahrhunderts entdeckt haben, an einem aus Samen gewachsenen Birnbaum in der Nähe von Stuttgart. Man sieht ihn vor sich, wie er in der Sommersonne an den Stamm gelehnt dasitzt, seine Ziegen lässig im Blick, und mit jeweils zwei, drei Bissen eine Birne nach der anderen verputzt. Bis heute sind Gaishirtle ideale Kinderbirnen – kleine, knackig süße Birnen zum Direkt-vom-Baum-Naschen. Sie reifen nach und nach, und man sollte sie essen, solange sie noch grün sind – sobald sie gelb anlaufen, werden sie teigig.

Wer es nicht schafft, seine Gaishirtle aufzuessen, kann sie zu »Hutzeln« verarbeiten, sie also am Stück oder halbiert dörren. Dabei kommen unansehnliche, schrumpelig braune Klumpen heraus, die aber ausgezeichnet schmecken und überaus gesund sind. Sie sind eine Hauptzutat für Hutzelbrot, ein weihnachtliches schwäbisches Früchtebrot. Eduard Mörike hat es in seinem Märchen vom *Stuttgarter Hutzelmännlein* verewigt – dieses schenkt dem Helden ein Hutzelbrot, das immer wieder nachwächst. (Leider verfüttert seine Braut es an ihren Papagei.)

Statt selbst zu dörren, kann man auch Fatschenbrunner Hutzeln kaufen, eine Spezialität aus Franken, die inzwischen zum immateriellen UNESCO-Kulturerbe erklärt wurde. Diese Dörrbirnen taugen für Hutzelbrot, aber auch als leckerer Proviant für unterwegs – angeblich hatte auch Reinhold Messner auf dem Mount Everest Hutzeln (oder »Kletzen«, wie sie in Südtirol heißen) in der Hosentasche.

SYNONYME
Honigbirne, Hutzelbirne, Stuttgarter Russelet

BESCHREIBUNG
schwäbische Sommerbirne zum Frischessen oder Dörren

HERKUNFT
Stuttgart, um 1750

FRUCHT
kleine grün-rötliche Früchte mit braunen Punkten

AROMA
fein süß-säuerlich, mit leichtem Zimtduft

REIFE
pflück- und genussreif August/September

BAUM
mittelstarker, harmonischer Wuchs, auch für kühlere Lagen

Williams Christbirne

Eine Birne reist zweimal über den Atlantik

Zwei Weltreisen und drei Taufen hat diese Birne hinter sich. Um 1767 nannte man sie nach ihrem Entdecker, einem Lehrer aus der englischen Grafschaft Berkshire, Stair's Pear. Wenig später gab ihr ein Londoner Baumschulinhaber, der die Sorte übernahm und vermehrte, seinen Namen – *Williams' Bon Chrétien*. (Ob Mr. Williams tatsächlich ein guter Christ war, ist nicht bekannt; den Namen *Bon Chrétien* übernahm er von einer alten französischen Sorte, siehe S. 105.)

Ein amerikanischer Kunde, James Carter aus Boston, kaufte einige Exemplare der neuen Birnensorte und nahm sie 1799 per Schiff mit in die Neue Welt. Die Bäumchen überstanden die Reise gut, allerdings gingen unterwegs die Etiketten verloren. Sie kamen namenlos in Amerika an und wurden an einen Gutsbesitzer aus Massachusetts verkauft, bei dem sie prächtig gediehen. Einige Jahre später übernahm ein Obstbauer namens Enoch Bartlett Grundstück und Birnbäume – er gab der unbekannten und sehr leckeren Birne seinen Namen und vermarktete sie als *Bartlett Pear* überaus erfolgreich in ganz Nordamerika. 1828 bestellte er weitere Birnbäume in Europa, darunter auch Williams Christbirnen – und stellte überrascht fest, dass die Sorte der seinen glich …

Da war die Birne in den USA aber längst als *Bartlett* bekannt, und dabei blieb es. Dies- und jenseits des Atlantiks ist sie bis heute ein Klassiker. Mit ihrem zarten weißen Fleisch gehört sie zu den besten Tafelbirnen, liefert aber auch feines Kompott und edle Brände – Johann Oberdieck nannte ihren Geschmack gar »erhaben«.

SYNONYME
Bartlett, Stair's Pear, Williams' Bon Chrétien

BESCHREIBUNG
weltberühmter Birnenklassiker

HERKUNFT
England, um 1770

FRUCHT
große gelbe Früchte, klassische Birnenform

AROMA
sehr süßes, saftiges, besonders zartes weißes Fleisch

REIFE
pflückreif Ende August / Anfang September, zwei Wochen haltbar

BAUM
für geschützte Lagen oder als Spalier

Winterapothekerbirne

Die Birne des Sonnenkönigs

Außer den goldenen Äpfeln der Hesperiden, spottete Pierre-Antoine Poiteau, hätte keine andere Frucht die Gelehrten so nachhaltig beschäftigt wie die Winterapothekerbirne. In der Tat kursieren diverse Theorien über den Ursprung der *Bon-chrétien d'hiver*: Der »gute Winterchrist« könnte der heilige Franziskus von Paola gewesen sein, der diese Birne König Ludwig XI. aus Italien mitbrachte – oder aber der heilige Martin, der offenbar nicht nur die Hälfte seines Mantels einem Bettler schenkte, sondern auch diese Birne dem französischen König. (Woher der Apotheker in ihrem deutschen Namen kommt, ist ebenfalls unklar.)

Sicher ist auf jeden Fall, dass der berühmteste aller Obstgärtner diese Sorte zur besten aller Birnen kürte. Wenn man nur einen kleinen Garten habe, schrieb Jean-Baptiste de La Quintinie im 17. Jahrhundert, solle man diese Sorte als Buschbaum oder Spalier pflanzen. Er selbst kultivierte sie in einem etwas größeren Garten – dem 9 Hektar großen *Potager du Roi* von Versailles. Staatsgäste Ludwigs XIV. wurden durch ein vergoldetes Tor auf einer genau festgelegten Route durch diesen Garten geführt, und oft ließ der König ihnen später gut verpackte Winterapothekerbirnen in ihre Heimat nachsenden.

Diese Birne ist nämlich außerordentlich haltbar; mit Äpfeln oder Kartoffeln abgedeckt hält sie sich angeblich bis Juni und schmeckt roh oder gekocht gut. In Frankreich wird sie bis heute vermehrt, allerdings ist sie sehr wärmebedürftig – in kalten, feuchten Böden, schrieb schon La Quintinie, wird sie »fade, mehlig, steinig und teigig«.

SYNONYME
Regelsbirne, Winterchristenbirne, Bon-chrétien d'hiver

BESCHREIBUNG
die berühmte Birne von Versailles

HERKUNFT
wohl Kalabrien, 15. Jahrhundert

FRUCHT
groß und dick, am Baum grün, gelagert hellgelb

AROMA
anfangs herb, später roh wie gekocht süß und würzig

REIFE
pflückreif Anfang Oktober, genussreif Januar bis Juni

BAUM
extrem wärmebedürftig, für Spaliere an Südwänden

Zitronenbirne

Skurril und schmackhaft

Hammelwänste und Pechkugeln. Aufgedunsene Birnen und Stumpflinge. Fünfeckige Birnen, Kegelbirnen und Eierbirnen. Die Kategorien, die Jan Jonston 1662 für die Birnensorten seiner Zeit erdachte, klingen aus heutiger Sicht skurril – die Eierbirne aber gibt es nach wie vor. Und sie trägt ihren Namen zu Recht. Diese kleine Birne ist ganz und gar nicht birnenförmig, sondern, wie Johann Sickler 1796 schrieb, »hochbauchig-stumpfspitzig«: Sie ist nahezu symmetrisch oval geformt, mit einem gerundeten Bauch in der Mitte und zwei spitzen Enden; diese seltsame Form hat ihr auch Namen wie »Saurüssel« oder »Zitronenbirne« eingebracht.

Eine Schönheit ist diese Birne nicht – dafür schmeckt sie hervorragend. Bestebirne wird sie um Frankfurt und in der Wetterau genannt, denn sie ist, wie das Buch *Unsere Besten Deutschen Obstsorten* lobte, »eine unserer köstlichsten Frühbirnen, von unerreichter Saftfülle und Wohlgeschmack«, »mit einer Leichtigkeit zu verwerten wie keine andere« und von »zuckerigem, feinsäuerlichem Muskatellergeschmack«. Ob diese uralte Sorte nun als Straßburger Bestebirne aus dem Elsass stammt oder als Würzburger Zitronenbirne aus Franken, ist unklar. Auf jeden Fall ist sie im Gegensatz zu vielen anderen Birnensorten ein Gewächs aus dem deutschen Sprachraum und kein »Franzobst«. Stramm patriotisch lobte Johann Christ 1809: »Diese teutsche Nationalfrucht hat billig allgemeinen Beyfall, und ist sowohl eine delikate Tafelbirne, als auch zu allem wirthschaftlichen Gebrauch vortrefflich.«

SYNONYME
Bestebirne, Saurüssel, Sommereierbirne, Würzburger Zitronenbirne, Poire d'œuf

BESCHREIBUNG
oval geformte Sommerbirne

HERKUNFT
Deutschland oder Elsass, um 1650

FRUCHT
klein, eiförmig, gelbgrün mit grauen Punkten

AROMA
würzig süß-säuerlich, saftig und wohlschmeckend

REIFE
pflückreif August / September, drei Wochen haltbar

BAUM
dichter, kräftiger Wuchs, nicht für nasse Lagen

Weitere empfehlenswerte Sorten

p – pflückreif
g – genussreif, in Monaten

MOST- UND KOCHBIRNEN
Champagner Bratbirne – berühmte, einst (und seit neuestem wieder!) für exzellenten Birnenschaumwein, sogenannten »deutschen Champagner« verwendete schwäbische Sorte mit auffallend breitrunden Früchten (p + g 10–11)
Gelbe Wadelbirne – in Eduard Mörikes *Stuttgarter Hutzelmännlein* erwähnte uralte »Hutzelbirne« mit gelb-roten, wadenförmigen Früchten, ideal zum Dörren (p + g 8–9)
Kaiserbirne mit dem Eichenblatt (Abb. S. 80/81) – erst kürzlich wiederentdeckte Sorte mit dekorativ gekräuselten Blättern; ausgezeichnete, extrem lange haltbare Kochbirne (p 10, g 12–4)
Palmischbirne – bildet prachtvolle, eichenähnliche Bäume mit kleinen, goldbraunen Früchten und herrlicher Herbstfärbung, uralte Sorte, hervorragend zum Schnapsbrennen (p + g 9)
Trockener Martin – festes, trockenes Fruchtfleisch, braune Frucht mit hellen Punkten, lange haltbar, exzellente Dörr- und Kochbirne (p 10, g 12–3)

SOMMERBIRNEN
Clapps Liebling – hübsche gelb-rote Tafelbirne für windgeschützte Lagen, saftig-würzige, aber nur kurz haltbare Früchte (p + g 8)
Gute Graue – sehr robuste, auch für raue Lagen geeignete Sorte für Streuobstwiesen, aromatische graubraune Früchte (p + g 8–9)

Petersbirne – honigsüße sächsische Sorte mit kleinen gelb-roten Früchten, vielseitig verwendbar, robust und reichtragend (p + g 7–8)

HERBSTBIRNEN

Gellerts Butterbirne – hervorragend schmeckende, aber unscheinbar aussehende Tafel- und Wirtschaftsbirne, robust und starkwüchsig (p 9, g 9–10)
Köstliche von Charneux – auch »Bürgermeisterbirne« genannt, bis in Höhenlagen anbaubare Tafelbirne mit großen, feinwürzigen Früchten (p 9–10, g 9–11)
Mollebusch – von französisch *Mouille-bouche* (Mundnetzbirne), kugelrund, robust und lecker; sehr alte, heute noch in Franken bekannte Sorte (p 9, g 9–10)
Vereinsdechantsbirne – französisch *Doyenne du Comice* genannte Feinschmeckerbirne, nur für warme Lagen (p 9–10, g 10–11)

WINTERBIRNEN

Josephine von Mecheln – sehr lange haltbare, saftige und aromatische kleine Birne, eher schwachwüchsige, anspruchslose Bäume (p 10, g 12–3)
Pastorenbirne – von einem Pfarrer entdeckte längliche grüne Winterbirne, sehr gut lagerfähig, robuster Baum, aufrecht wachsend (p 10, g 11–1)
Winterdechantsbirne – besonders delikate, haltbare Winterbirne mit großen Früchten, hohe Ansprüche, für Spaliere (p 10–11, g 12–3)

Weichseln und Amarellen. Maikirschen und Glaskirschen. Weiße Spanische und Schwarzer Adler. Die poetischen Namen unserer alten Kirschen spiegeln die riesige Vielfalt, die noch vor fünfzig Jahren auf den Streuobstwiesen der Kirschanbaugebiete zu finden war. Es gab Süßkirschen und Sauerkirschen – und Süßweichseln, die in der Mitte zwischen beiden liegen und als besonders lecker galten. Es gab (weiche) Herzkirschen und (harte) Knorpelkirschen. Es gab frühe und späte Kirschen, bittere und blanke, und bunte Kirschen in allen Schattierungen von Hellgelb über Orangerot bis Schwarzbraun.

Wie langweilig ist dagegen das Kirschenangebot, das der Handel heute bietet: dunkelrote Knorpelkirschen, etwas anderes gibt es nicht. Wer alte, interessantere Sorten sucht, muss selber pflanzen oder auf Bauernmärkten, in Bioläden und bei den Obsthöfen alter Kirschanbaugebiete wie Hagen am Teutoburger Wald und Witzenhausen in Nordhessen Ausschau halten. Oder an alten Kirschbäumen: Dort haben die alten Sorten oft noch überlebt.

Große Schwarze Knorpelkirsche

Sehr alt, sehr knackig, sehr köstlich

Sechs verschiedene Kirschbäume hatte Christian Truchseß von Wetzhausen im Jahr 1785 bei der berühmten Herrenhäuser Baumschule in Kasse bestellt: Gaderopse Kers, Picotirte Gesprenkelte Herzkirsche, Rote Herzkirsche, Knorpelkirsche, Späte Braune Spanische Herzkirsche und Amaranthkirsche. Als sie die ersten Früchte trugen, stellte er allerdings fest, dass sie »sämtlich nicht von einander zu unterscheiden und mit unserer Großen Schwarzen Knorpelkirsche vollkommen eins« waren.

Dass eine (schlechte) Baumschule eine andere als die bestellte Sorte liefert, kommt auch heute noch vor, und man merkt es ärgerlicherweise erst Jahre später. Ein Wirrwarr wie bei den schwarzen Kirschen des 18. Jahrhunderts herrscht aber zum Glück nicht mehr. Damals war das Durcheinander so groß, dass nicht ganz sicher ist, ob unsere heutige Große Schwarze Knorpelkirsche mit der 1540 erstmals erwähnten gleichnamigen Sorte identisch ist – wenn ja, wäre eine unserer besten Süßkirschen auch eine unserer ältesten.

Die Große Schwarze Knorpelkirsche ist aus gutem Grund seit Jahrhunderten beliebt. Wie Truchseß schrieb: »Es wäre überflüssig, diese Sorte [...] zu empfehlen, da sie sich selbst durch ihre Größe und ihren Wohlgeschmack jedem anpreist, der sie kennt. Doch muss man zu ihrem Ruhme noch anführen, dass [...] die Früchte lange hängen können, ohne Schaden zu nehmen, und abgenommen sich wohl vierzehn Tage im Keller lagern lassen, ohne zu faulen oder an ihrem pikanten Geschmack zu verlieren, der vielmehr dadurch noch köstlicher wird.«

SYNONYME
Große Schwarze Glanzkirsche, Lederkirsche, Bigarreau noir

BESCHREIBUNG
knackiger schwarzer Kirschenklassiker

HERKUNFT
wohl Deutschland, um 1540

FRUCHT
mittelgroß, schwarzrot glänzend

AROMA
festes, aromatisches, stark färbendes Fruchtfleisch

REIFE
pflückreif Juli / August, hält sich ca. zwei Wochen

BAUM
starkwüchsig und robust

Holländische Große Prinzessinkirsche

Gelb-rot marmorierte Schönheit

Vielfarbig waren die Kirschen einst, nicht allesamt dunkelrot wie heutzutage. Im wohlerzogenen 19. Jahrhundert zog man sogenannte »bunte« Süßkirschen, in allen Schattierungen von Weißgelb bis Hellrot, den dunkleren Sorten vor – mit ihrem hellen Saft hinterließen sie nämlich keine schwarzblauen Flecken auf Lippen, Fingern oder schneeweißen Spitzenkleidern. Die Sortenvielfalt war riesig: Im Alten Land bei Hamburg wurden Sorten wie Minners Bunte, Sumfleths Frühe Bunte oder Garrns Bunte angebaut; in Süddeutschland kultivierte man »gescheckte« gelbrote Lokalsorten wie die Esslinger Schecken.

Die ebenfalls gelb-rot marmorierte, wohl aus Holland stammende Große Prinzessinkirsche war sogar in ganz Europa beliebt. Wie viele bunte Kirschen ist sie ausnehmend schön: Ihre großen, aromatisch süßsäuerlichen Früchte sind rot, orange oder gelb, marmoriert, gestrichelt oder gesprenkelt – eine Pracht auf jedem Obstteller. Außerdem ist ihr Fleisch so fest, dass man es mit einem Messer in Scheiben schneiden kann; es eignet sich hervorragend zum Dörren und bleibt sogar gekocht angenehm knackig. (Und, ganz wichtig: Angeblich verursacht es wie alle »bunten« Kirschen keine Bauchschmerzen.)

Zudem werden diese Kirschen tatsächlich besonders groß. Sie seien »als wahre Riesinnen anzustaunen«, schrieb Christian Truchseß von Wetzhausen im Jahr 1816, und fügte hinzu: »Prinzenkirschen haben wir mehrere [...], doch uns interessiert nur eine Prinzessin, und zwar die sehr korpulente hartfleischige Holländische.«

SYNONYME
Große Prinzessinkirsche, Hühnerherz, Lauermannskirsche, Gros Bigarreau rouge

BESCHREIBUNG
besonders große »bunte« Süßkirsche

HERKUNFT
wohl Holland, 18. Jahrhundert

FRUCHT
groß, gelb-rot marmoriert, neigt bei Regen zum Platzen

AROMA
festes, süß-säuerliches Fruchtfleisch mit farblosem Saft

REIFE
pflückreif Juni/Juli, hält sich ca. zwei Wochen

BAUM
starkwüchsig und robust, mag feuchten Boden

Kirschen im Februar

DIE KIRSCHTREIBEREI VON SANSSOUCI

Zwei Taler pro Stück kosteten die ersten Kirschen des Jahres den preußischen König Friedrich II. – im Februar. Das entsprach dem Preis von 120 kleinen Kirschbäumen oder einem Wochenlohn seines Gärtners Anton Hillner. Hillner war der Leiter der sogenannten Kirschtreiberei; um die Obstgelüste des Königs zu befriedigen, hielt er in den Schlossgärten von Sanssouci ein überaus aufwendiges System in Gang: Hunderte von Kirschbäumen wurden in den Potsdamer Gärten ins Freiland gepflanzt, an den bis heute berühmten Terrassenmauern von Sanssouci als Spalierbäume hinter Glas gezogen oder in großen, zum Teil beheizten Gewächshäusern in Kübeln gehalten.

Im November 1779 mussten beispielsweise 160 Kirschbäume ins Kirschentreibhaus getragen und in neue Kübel gesetzt werden; fünf Männer waren damit über eine Woche lang beschäftigt, während zwei Frauen sämtliche Fenster putzten. Anschließend wurden die Stämme der Bäume mit Moos umwickelt, das ständig feucht gehalten werden musste. Im Dezember fing man dann behutsam an zu heizen, zunächst nur mit Hilfe von Kerzen, die im Treibhaus entzündet wurden; etwas später setzte man ein System von beheizten Wasserrohren in Gang. Zwei Männer waren Tag und Nacht damit beschäftigt, die Heizkessel zu bedienen und bei Kälte die Fenster mit Tüchern abzudecken; außerdem war ein Tagelöhner nur fürs Holzhacken zuständig. Dabei mussten die Temperaturen genau gesteuert werden. Sie wurden nach einem ausgeklügelten System allmählich auf etwa 15 Grad gesteigert, bis die Bäume anfingen zu blühen.

Wenn alles gut ging, konnte der König im Februar die ersten Kirschen essen. Übrigens nicht nur Friedrich der Große: Auch seine Nachfolger liebten Kirschen, und die Kirschentreiberei wurde bis Mitte des 19. Jahrhunderts fortgesetzt – auch auf der Pfaueninsel im Wannsee bei Berlin sind heute noch die ehemaligen Kirschtreibhäuser zu sehen.

Leopoldskirsche

Die Lieblingskirsche Friedrichs des Großen

Friedrich der Große schämte sich. Zerknirscht schrieb er an seinen Schatzmeister: »Du wirst schmähen, daß gestern vohr 180 Taler Kirschen gegessen worden, ich werde mich eine liederliche reputation machen.« Der König sorgte sich zu Recht um seinen Ruf – 180 Taler waren in der Tat ein horrender Betrag, fast zwei Jahreslöhne eines Gärtners.

Dass Friedrichs Kirschen so teuer waren, hatte damit zu tun, dass er sie möglichst ganzjährig zu essen wünschte. Sie wurden mit großem Aufwand in den beheizten Kirschhäusern von Sanssouci angebaut, damit der König schon im Winter die ersten Früchte kosten konnte. Er pflegte seine Tage damit zu beginnen, nach dem Morgenkaffee ein bis zwei Stunden Flöte zu spielen und zwischendurch Kirschen zu essen. Wenn er auf Reisen war, ließ er sich seine geliebten Kirschen, sorgfältig einzeln verpackt, auch ins Ausland nachsenden.

Wie viele seiner Zeitgenossen mochte Friedrich der Große am liebsten Sauerkirschen, und für die aufwendige Kirschtreiberei in den Schlossgärten von Sanssouci wurden ausschließlich säuerliche Sorten verwendet. Friedrichs Favorit war die Leopoldskirsche, eine Sorte mit besonders großen, dunkelroten Früchten, die reif geradezu vor Saft zerfließen. Friedrich Salzmann, Hofgärtner des Königs, war etwas weniger begeistert von der »Leopoldus«, die er 1774 in seiner *Pomologia* als dunkelbraunrot und »säuerlicher als die Brüsseler Rote« beschrieb. Außerdem bemängelte er, sie trage häufig nicht. Vielleicht trug das ja zu den hohen Preisen bei?

SYNONYME
Brüsseler Braune,
Griotte de Léopold

BESCHREIBUNG
besonders große und
saftige Sauerkirsche

HERKUNFT
Deutschland, vor 1770

FRUCHT
sehr groß,
dunkelbraunrot, saftig

AROMA
vollreif nur leicht säuerliches,
saftig-weiches Fruchtfleisch

REIFE
pflückreif Juli, hält sich
ca. zwei Wochen

BAUM
etwas empfindlich,
trägt nicht jedes Jahr

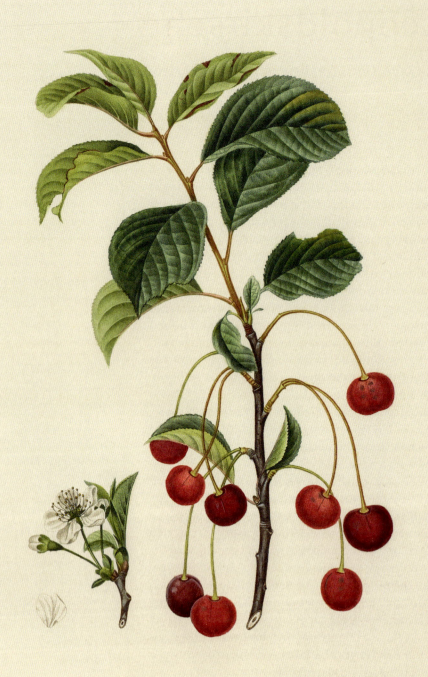

Schattenmorelle

Saurer Klassiker mit rätselhaftem Namen

Aus den Gärten des französischen Château du Moreilles stamme die Schattenmorelle, und vom Namen des Schlosses leite sich ihr deutscher Name ab – diese schöne Erklärung für den schönen Sortennamen geistert seit Jahrzehnten durch Bücher und Internet, dürfte aber leider falsch sein: Ein Schloss dieses Namens existierte noch gar nicht, als die Schattenmorelle 1590 erstmals beschrieben wurde. *Grimms Wörterbuch* nennt als mögliche Herkunft der »Morelle« das lateinische *amarellum*, »bitter«, oder das italienische *morello*, »schwarzbraun«; der Pomologe André Leroy vermutete, die Morelle sei wegen ihrer dunkelroten Farbe nach der Maulbeere, *morus*, benannt. Ein virtuelles Nachschlagewerk neuerer Zeiten behauptet dagegen, das Wort Schattenmorelle sei eine deutsche Verballhornung des französischen Namens *Chatel Morel*. Es ist wohl eher umgekehrt: *Chatel Morel* dürfte aus dem Deutschen abgeleitet sein und wird in Frankreich nur selten gebraucht – dort nennt man die Schattenmorelle meist *Griotte du Nord*, Sauerkirsche des Nordens. Sie ist nämlich eine uralte deutsche Sorte, und den (Halb-)Schatten liebt sie tatsächlich. Wilhelm Lauche riet dazu, diese Sauerkirsche als Spalierbaum an Nordmauern zu ziehen; so könne man die Früchte noch bis in den Oktober ernten.

»Wir Deutschen halten die kastanienbraunen sauren Kirschen für die edelsten«, schrieb schon im 16. Jahrhundert der Kräuterkundler Hieronymus Bock, und in der Tat gilt die Schattenmorelle bei uns seit Jahrhunderten als klassische Zutat für Kompott oder Kuchen – und natürlich für Schwarzwälder Kirschtorte.

SYNONYME
Große Lange Lothkirsche, Cérise du Nord, Griotte du Nord

BESCHREIBUNG
berühmte dunkle Sauerkirsche

HERKUNFT
Deutschland, vor 1590

FRUCHT
mittelgroß, dunkelrot, saftig, ideal zum Einkochen

AROMA
weiches, säuerliches Fruchtfleisch mit dunklem Saft

REIFE
pflück- und genussreif ab Ende Juli, hält sich lange am Baum

BAUM
schwachwüchsig und anspruchslos, anfällig für die Monilia-Spitzendürre

Weitere empfehlenswerte Sorten

p – pflückreif
g – genussreif, in Monaten

SAUERKIRSCHEN

Frühe Maikirsche (Abb. S. 110/111) – einst als *Royale hâtive* hoch gerühmte »Süßweichsel«, im Geschmack zwischen Süß- und Sauerkirsche, saftige rote Früchte, früh reifend (p + g 5–6)

Köröser Weichsel – dunkelrote ungarische Sorte aus der Stadt Nagykörös, in warmen Lagen aromatisch und großfruchtig (p + g 6–7)

Werdersche Glaskirsche – alte Sorte aus dem Obstbaugebiet Werder mit »glasig« hellen, kaum färbenden, süß-säuerlichen Früchten, ideal zum Einmachen (p + g 6–7)

SÜSSKIRSCHEN

Bittere Blanke – berühmt als Zutat für Kirschsuppe, schwarze norddeutsche Traditionssorte, schmeckt roh leicht bitter, gekocht aber herrlich nach Marzipan (p + g 7)

Dolleseppler – lässt sich vom Baum herunterschütteln, robuste, reichtragende schwarze Kirsche aus Baden, ideal für Saft oder Schnaps (p + g 6)

Dönissens Gelbe Knorpelkirsche – hellgelbe und daher relativ »vogelfraßsichere«, festfleischige Tafelkirsche (p + g 7)

Esslinger Scheckenkirsche – früh reifende, gelb-rot »gescheckte« schwäbische Lokalsorte, sehr robuste, aromatische Herzkirsche (p + g 5–6)

Früheste der Mark – schon im Mai reifende dunkelrote Herzkirsche für warme Lagen, markiert den Beginn der Kirschenzeit (p + g 5)

Garrns Bunte – alte »bunte« Sorte aus dem Alten Land bei Hamburg mit großen gelb-roten Früchten, für kühleres Klima (p + g 6)

Hedelfinger Riesenkirsche – robuste Knorpelkirsche mit großen schwarzroten Früchten, auch für raue Lagen (p + g 7)

Kassins Frühe – besonders früh reifende und daher nicht durch Kirschfruchtfliegen gefährdete schwarz-rote Herzkirsche (p + g 5–6)

Lucienkirsche – hübsche orangerote Herzkirsche, zart und aromatisch, hält sich am Baum bis zu 14 Tage lang (p + g 6)

Rote Späternte – erst im Herbst reifende kleine rote Kirsche mit intensivem Aroma, aus Niederbayern (p + g 9–10)

Schneiders Späte Knorpelkirsche – nach und nach reifende, große dunkelrote Knorpelkirsche aus Guben an der Neiße (p + g 6–7)

Schöne von Einigen – traditionell zur Herstellung von »Kirschmus« genutzte schwarzbraune Schweizer Lokalsorte aus dem Berner Oberland (p + g 6–7)

Schwarze Adlerkirsche – um 1814 entstandene, lange haltbare schwarze Kirsche mit schönem Namen und kräftigem Wuchs (p + g 7)

Weiße Spanische – auch »weiße Herzkirsche« genannte, besonders aromatische Sorte mit blassgelben, rotwangigen Früchten, bildet breitwüchsige, gesunde Bäume (p + g 6–7)

Bei der deutschen Obstbaumzählung 1913 lagen die Apfelbäume auf Platz eins, aber noch im Jahr 1900 war die Pflaume der häufigste Obstbaum Deutschlands. In praktisch jedem Garten gab es einen Pflaumenbaum. Man pflanzte längliche blaue Zwetschgen, ovale, weichere Pflaumen oder feine französische Importware wie runde Renekloden (in Österreich Ringlotten genannt) und kleine gelbe Mirabellen – eine umgangssprachliche Einteilung, die sich bis heute erhalten hat.

Botanisch sieht es ungleich komplizierter aus, denn neben diesen Kultursorten gab es eine unüberschaubare Vielzahl sogenannter Primitivpflaumen: uralte Arten mit wunderlichen Namen wie Spilling, Zibarte oder Krieche. Solche teils jahrtausendealten Kostbarkeiten sind nicht im Laden zu haben – das Pflaumensortiment beschränkt sich in der Regel auf großfruchtige blaue Sorten. Auch Delikatessen wie Große Grüne Renekloden finden sich kaum im Handel; sie sollten am Baum ausreifen und nehmen jeden Transport übel. Die gute Nachricht: An einer warmen Stelle im Garten gedeihen sie prima.

Pflaumen

Große Grüne Reneklode

Pflaume der Königin – Königin der Pflaumen

Suleiman der Prächtige, Sultan des Osmanischen Reiches, Kalif aller Gläubigen, Schatten Gottes auf Erden, bestellte Anfang des 16. Jahrhunderts den französischen Botschafter an der Hohen Pforte zu sich, um ihm ein Geschenk für seine Königin zu überreichen: einen Pflaumenbaum mit besonders großen, süßen, grüngelben Früchten. Das exotische Gewächs überstand den weiten und gefährlichen Weg von Konstantinopel nach Frankreich und wurde dort zu Ehren der Königin *Reine-claude* getauft, Königin Claudia. (So lautet die erste Geschichte.) Ob die »gute Königin«, wie sie in Frankreich wegen ihrer Sanftmut genannt wurde, ihre Renekloden genießen konnte, ist leider nicht bekannt; sie war von ihrem Vater, König Ludwig XII., mit seinem Nachfolger Franz I. verheiratet worden und starb 1524 noch vor ihrem 25. Geburtstag, nachdem sie acht Kinder zur Welt gebracht hatte. (Die zweite – deutlich profanere – Geschichte lautet, der Botaniker Pierre Belon habe die Frucht 1549, nach dem Tod der Königin, von einer Orientreise mitgebracht.)

Wie auch immer sie nach Frankreich gelangte – die Reneklode ist unstrittig bis heute eine wunderbare Pflaume. Ihre matt grüngelben Früchte sind zuckersüß und schmecken roh wie gekocht ausgezeichnet. Entsprechend einstimmig urteilen die Fachleute der letzten Jahrhunderte. Pierre Legrand schrieb 1782: »Viele sehen sie nicht nur als die beste Pflaume, sondern als beste aller Früchte«, Pierre-Antoine Poiteau und Georg Liegel nannten sie 1835 bzw. 1861 übereinstimmend »die beste aller Pflaumen«, und Nigel Slater lobte 2013 ihr »hervorragendes Aroma«.

SYNONYME
Dauphinspflaume, Gute Grüne Zuckerpflaume, Green Gage, Reine-claude

BESCHREIBUNG
uralte, saftig-süße grüne Pflaume

HERKUNFT
wohl Vorderasien / Frankreich, 16. Jahrhundert

FRUCHT
groß und rundlich, grüngelb mit rötlichen Punkten, blau bereift

AROMA
saftiges, herrlich süßes Fleisch

REIFE
pflück- und genussreif August / September

BAUM
mittelstarker, breiter Wuchs, mag warme, schwere Böden

Die Vielfalt der alten Landpflaumen

VON SPILLINGEN, KRIECHEN, BIDLINGEN UND ZIBARTEN

Ziberl, Zwispitz, Punze, Bidling, Pemse, Pfluder, Krieche, Spilling, Mirabelle, Halbzwetschke und Zwetschke: Sage und schreibe elf wurzel- und kernechte Pflaumenarten unterschied der österreichische Botaniker Heinrich Werneck 1961. Seine Einteilung ist allerdings umstritten; Botaniker beißen sich noch heute an der Artenvielfalt der sogenannten »Primitivpflaumen« die Zähne aus.

Unstrittig ist, dass sie allesamt vom Aussterben bedroht sind – einst machten ihnen französische Edelsorten wie die Große Grüne Reneklode Konkurrenz, heute die angeblich resistenteren Neuzüchtungen. Dabei sind die alten Landpflaumen, die oft unerkannt an Feldrändern und Gartenzäunen überlebt haben, für naturnahe Gärten und Streuobstwiesen ideal: aromastark, robust und seit Jahrhunderten oder gar Jahrtausenden an die lokalen Klimabedingungen angepasst. Vier große Gruppen lassen sich unterscheiden:

Kriechen: Diese runden, auch Haferpflaume, Scheißpfläumle, Weinling, Kreeke oder Kriecherl genannten Pflaumen sind schon seit der Jungsteinzeit bekannt. Sie kommen in blauen und gelb-grünen Varianten vor und tragen ihren Namen wegen ihres »kriechenden«, ausläufertreibenden Wuchses. Robust und wohlschmeckend, ideal für naturnahe Obsthecken, reifen sie im August und September.

Myrobalanen: Die »Kirschpflaumen« galten früher als Kreuzung von Kirsche und Pflaume. Ihre kugeligen, schlecht steinlösenden Früchte in Farben von Hellgelb bis Schwarzrot eignen sich eher für Marmelade als zum Rohverzehr und reifen je nach Sorte zwischen Juli und September.

Spillinge: Diese schon seit Römerzeiten bekannten, je nach Region auch Spänling oder Hundspflaume genannten länglich-spitzen Urpflaumen kommen als gelbe, blaue oder gelb-rote Spillinge vor. Gut steinlösend, wohlschmeckend und reichtragend, reifen sie von Juli bis August.

Zibarten: Die gelbgrünen, runden Urpflaumen nennt man in der Schweiz »Zyberli«; sie werden erst nach dem Laubabfall im Oktober geerntet und traditionell zum Schnapsbrennen genutzt.

Gubener Spilling

Duftende Urpflaume aus ostdeutschen Bauerngärten

Einst vermehrte jeder Bauernhof, jedes Dorf seine Pflaumen selbst: »Gute« Bäume durften Ausläufer treiben, die verpflanzt und weitergegeben wurden, bis sie sich im Lauf der Zeit zu Lokalsorten entwickelten. So entstand in Deutschland, Österreich und der Schweiz eine riesige Auswahl interessanter und leckerer Landsorten – rund oder länglich, gelb, grün, rot oder blau.

In der Lausitzer Stadt Guben war es der Gelbrote Spilling, der über Jahrhunderte hinweg zur Lokalsorte heranwuchs und als »Gubener Spilling« bekannt wurde. Diese traditionelle Pflaume ist vor allem im Osten und Norden Deutschlands verbreitet; im Spreewald und in der Lausitz genießt sie Kultstatus bei allen, die sie noch aus Kinderzeiten kennen. Tatsächlich gab es den Gelbroten Spilling schon zu Römerzeiten, das zeigen Pflaumenkerne, die bei archäologischen Ausgrabungen gefunden wurden. Und er existiert erfreulicherweise bis heute: Bei einer Bestimmungsaktion des Gubener Kleingärtnerverbands erwiesen sich immerhin 38 von 45 zur Identifizierung eingereichten Pflaumen als echte Gubener Spillinge.

Diese hübschen kleinen Pflaumen erkennt man an ihrer spitzen, länglichen Form, der rot-gelben Schale und dem halbmondförmigen, spitzen Kern, außerdem am besonders intensiven Aroma des festen, leicht vom Kern zu lösenden Fruchtfleisches. Und noch eine weitere, ganz einmalige Eigenschaft unterscheidet diese uralten Früchte vom Rest ihrer Verwandtschaft aus der weitverzweigten Sippe der Pflaumen: Sie duften.

SYNONYME
Gelbroter Spilling, Rotbunter Spilling, Wohlriechender Spilling

BESCHREIBUNG
aromatische Lausitzer Urpflaume

HERKUNFT
wohl schon seit Römerzeiten verbreitet

FRUCHT
länglich, gelb-rot, gut kernlösend

AROMA
duftend, besonders aromatisch und süß

REIFE
pflück- und genussreif Juli

BAUM
bildet kleine Bäume oder große Büsche, robust und gesund

Hauszwetsche

Kräftig-köstlicher Klassiker

Die vertraute blaue Zwetschge unserer Hausgärten ist in Wahrheit eine Orientalin; ihren Weg nach Westen fand sie in den Taschen von Soldaten: Im 17. Jahrhundert kämpften württembergische Söldner im Dienst der Venezianer im östlichen Mittelmeerraum, und sie waren es angeblich, die dort Zwetschgenkerne einsteckten und mit in die Heimat nahmen.

Der klangvolle französische Name *Gros Damas violet* deutet auf diese Herkunft hin, und die »Große violette Damaszenerpflaume« ist interessanterweise mit der »Zwetschge« verwandt: Unser deutsches Wort ist eine Verballhornung des lateinischen Wortes *damascena*, aus Damaskus. Es wird in jeder Region anders ausgesprochen. Quetsche oder Zwetsche, Zwespe oder Zwetschke – über fünfzig deutsche und französische Namen der Hauszwetsche sammelte Friedrich Dochnahl 1858 in seinem *Sicheren Führer in der Obstkunde*.

Ebenso vielfältig sind die lokalen Spezialitäten, die aus dieser robusten und leckeren alten Sorte zubereitet werden – Westerwälder Quetschekraut und Augsburger Zwetschgendatschi, elsässischer Quetsch d'Alsace und österreichischer Zwetschkenröster (für Nicht-Einheimische: Pflaumenmus, Blechkuchen, Obstbrand und Kompott). Und im Lauf von Jahrhunderten der Aussaat und Ausläufervermehrung sind in Deutschland, der Schweiz und Österreich lokale, perfekt an das jeweilige Klima angepasste Varianten entstanden: Pflaumensorten wie die Fränkische Hauszwetschge, die Schöne von Bibern, die Pruneau de St. Aubin oder die Stanzer Zwetschke sind allesamt Lokalsorten der Hauszwetsche.

SYNONYME
Bauernpflaume, Gemeine Zwetschge, Gros Damas violet

BESCHREIBUNG
vielseitig verwendbare Traditionssorte der Hausgärten

HERKUNFT
angeblich östlicher Mittelmeerraum, 17. Jahrhundert

FRUCHT
länglich, dunkelblau, grau bereift, innen gelbgrün, gut steinlösend

AROMA
fest und würzig, schmeckt roh, gekocht und gedörrt

REIFE
pflück- und genussreif September/Oktober

BAUM
unkompliziert und reichtragend, auch für Höhenlagen

Königin Viktoria

Zarte Schönheit von den britischen Inseln

Woher stammt Königin Viktoria? Aus Alderton in Suffolk oder aus Walderton in Sussex? Seit ein britischer Pomologe im 19. Jahrhundert schrieb, die Viktoriapflaume komme aus »Alderton in Sussex«, streiten die Experten, welcher Ort gemeint sein könnte – in Sussex gibt es nämlich kein Dorf dieses Namens. Zweifellos aber ist diese Frucht so durch und durch britisch wie ihre Namenspatin; *Queen Victoria* dürfte bis heute die bekannteste und beliebteste Pflaumensorte Großbritanniens sein.

Hübsch ist sie obendrein – wenige Pflaumen sehen so bezaubernd aus wie Königin Viktoria: Ihre zarte Haut leuchtet in marmorierten, blassblau überhauchten Wolken aus Gelb, Rot und Violett auf einer perfekt ovalen Frucht. Die großen, sehr saftigen Pflaumen reifen allmählich von Ende August bis Mitte September und schmecken roh genauso gut wie auf Pies oder als Crumble. Allerdings sind die geschmacklichen Qualitäten dieser englischen Traditionssorte etwas umstritten. Der berühmte Kulturhistoriker Alan Davidson lästerte in seinem *Oxford Companion to Food*, sie habe es eher gutem Marketing als ihren inneren Werten zu verdanken, dass sie so schnell berühmt wurde, als sie 1844 auf den Markt kam. Es könnte aber sein, dass Davidson seine Viktoriapflaumen zu früh gekostet hatte. Der Food-Journalist Nigel Slater konterte jedenfalls: »Vielleicht wusste er im Gegensatz zu mir nicht, dass diese Pflaumen ausreifen müssen, bis jede Frucht so aussieht, als würde eine Kerze in ihr brennen, und man die Wespen von ihnen wegscheuchen muss.«

SYNONYME
Viktoriapflaume, Queen Victoria

BESCHREIBUNG
hübsche, in England überaus beliebte Pflaume

HERKUNFT
Großbritannien, um 1844

FRUCHT
groß, gelb-rot-violett mit blauem Reif, innen gelb, gut steinlösend

AROMA
sehr saftig und süß

REIFE
pflück- und genussreif Ende August bis Mitte September

BAUM
sehr reichtragend, für sonnige Lagen oder Spaliere

Mirabelle von Nancy

Naschfrucht mit royaler Vergangenheit

In Mirabeau, einem kleinen Dorf in der Provence, pflegte der »gute König« René d'Anjou im 15. Jahrhundert auf die Jagd zu gehen. Dort wohnte seine geliebte uneheliche Tochter, und es könnte gut sein, dass er nach diesem Ort auch die kleine gelbe Pflaume taufte, die er von einer Auslandsreise mitgebracht haben soll: die Mirabelle (die ihren Namen aber auch einer Verwechslung mit der Myrobalane, einer Wildpflaume, verdanken könnte). René war in seinem bewegten Leben nicht nur Graf der Provence, sondern auch König von Neapel, Titularkönig von Jerusalem und Gegenkönig von Aragón. Und er war mit Isabella, der Herzogin von Lothringen, verheiratet – so gelangte seine Mirabelle in die lothringische Hauptstadt Nancy, wo sie schnell Verbreitung fand.

Nach einer Krise im 20. Jahrhundert wurde die Lothringer Mirabelle in den letzten Jahrzehnten als lokale Spezialität wiederentdeckt und neu angepflanzt. Heute ist die Gegend um Nancy ein Zentrum des Mirabellenanbaus – neunzig Prozent der weltweiten Ernte stammt aus dieser Region, und die *Mirabelle de Lorraine* ist als geschützte geografische Angabe bei der EU eingetragen.

Knallgelb, kugelrund, kirschgroß und köstlich, ist die Mirabelle von Nancy eine ideale Gartenfrucht. Sie schmeckt herrlich als Kompott oder auf einer *Tarte aux mirabelles*, vor allem aber frisch vom Baum. Ein Nachteil der gelben Schönheit sollte hier aber nicht verschwiegen werden: Ihre rauen Kerne eignen sich längst nicht so gut zum Weitspucken wie Kirschkerne.

SYNONYME
Doppelte Mirabelle, Goldpflaume, Drap d'or

BESCHREIBUNG
gelbes Pfläumchen von exquisitem Geschmack

HERKUNFT
wohl Frankreich, 15. Jahrhundert

FRUCHT
mittelgroß, rund, gelb mit rot-violetten Wangen

AROMA
saftig und süß, gut steinlösend

REIFE
pflück- und genussreif August

BAUM
bildet robuste kleine Bäume oder große Büsche, für warme Lagen

Weitere empfehlenswerte Sorten

p – pflückreif
g – genussreif, in Monaten

PFLAUMEN UND ZWETSCHGEN

Anna Späth – passend zum Namen spät reifende Zwetschge, für warme Lagen (p + g 9–10)
Emma Leppermann – hübsche gelb-rote, violett bereifte, rundliche Pflaume, 1897 in Sachsen-Anhalt entstanden, liebt kühlere Lagen (p + g 7–8)
Ersinger Frühzwetsche – besonders früh reifende Zwetschgensorte, 1896 bei Pforzheim entdeckt, vielseitig verwendbar (p + g 7–8)
Königspflaume von Tours (Abb. S. 122/123) – schon 1690 erstmals erwähnte rundliche violett-rote Pflaume, aromatisch und gut steinlösend (p + g 8)
Löhrpflaume – Schweizer Sorte mit kleinen runden, rotvioletten Früchten, zuckersüß und aromatisch, beliebt zum Schnapsbrennen (p + g 8–9)
Ontario – gelbe Eierpflaume aus Nordamerika, großfruchtig und saftig, schlecht steinlösend (p + g 8)

MIRABELLEN UND RENEKLODEN

Graf Althanns Reneklode – besonders hübsche blassviolette Reneklode mit großen, sehr süßen Früchten; für warme Lagen (p + g 8–9)
Mirabelle von Metz – etwas kleiner als die Mirabelle von Nancy, überaus reichtragend, Früchte hängen in Büscheln am Baum (p + g 8)
Oullins Reneklode – aus dem französischen Oullins stammende robuste gelbe Reneklode, festfleischig und süß (p + g 8–9)

Rote Mirabelle – auch Berudge genannte, in der Schweiz beliebte rotschalige Sorte, gelbfleischig, gut steinlösend, wird oft mit Kirschpflaumen verwechselt (p + g 8)

ALTE LANDSORTEN
Dattelzwetschge – skurrile, länglich-krumme Zwetschge aus Tübingen, sehr gutes Aroma, ausläufertreibend, ideal für naturnahe Pflaumenhecken (p + g 8)
Dressprümmche – gelbgrüne rheinische Lokalsorte mit lustigem Namen (»Mistpfläumchen«) und Renekloden-Aroma (p + g 7–8)
Haferpflaume – dunkelblaue, runde Wildpflaume (*Prunus insititia*) mit intensiv süß-säuerlichem Aroma und prächtiger Blüte (p + g 8–9)
Johannispflaume – auch Erntepflaume oder Marange genannt, süße blaue Frühpflaume, in der Schweiz und Süddeutschland verbreitet, auch für Hecken (p + g 7)
Katalonischer Spilling (Abb. S. 168/169) – süße und saftige gelbe Zwetschge, schon seit 1641 bekannt (p + g 8–9)
Waldviertler Kriecherl – traditionsreiche Landsorte aus dem österreichischen Waldviertel mit kleinen, gelbgrünen, aromatischen Früchten (p + g 8–9)
Weidenberger Spindling – gelbe, ovale Pflaume, Lokalsorte aus Franken (p + g 8)

Vergessene Genüsse wie Mispeln oder Maulbeeren, südliche Schönheiten wie Feigen oder Mandeln, wilde Früchtchen wie Kornelkirsche oder Speierling – jenseits des klassischen Kern- und Steinobstes gibt es viele seltene Arten zu entdecken. 32 verschiedene Früchte, darunter auch Unbekanntes wie Azaroldorn oder Erdbeerbaum, zählte Pierre-Antoine Poiteau 1835 in seiner *Abhandlung von den Obstbäumen* auf. Die meisten von ihnen gedeihen auch in unseren Breiten; dennoch beschränkt sich das Standardsortiment unserer Gärten und Baumschulen auf wenige altbekannte Arten: Äpfel und Birnen, dazu vielleicht noch Pflaumen, Kirschen, Pfirsiche und Aprikosen – und selbst von diesen sind meist nur wenige Sorten erhältlich. Dabei gibt es (neben der bunten Vielfalt der alten Sorten) auch eine Fülle seltener Obst*arten*.

Warum nicht eine Quitte oder Esskastanie in den Garten pflanzen? Oder eine seltene einheimische Obstart wie Speierling oder Elsbeere? Beide tragen nicht nur interessante Früchte, sondern sehen auch prachtvoll aus: im Frühjahr mit weißen Blüten, im Herbst mit knallbuntem Laub.

Seltenere Obstarten

Feige Violette de Bordeaux

Die Feige von Versailles

Eigentlich aß Ludwig XIV. am liebsten Erdbeeren – als sein Leibarzt sie ihm wegen einer Allergie verbot, erkor der Sonnenkönig die Feigen zu seinem neuen Lieblingsobst. Im *Potager du Roi*, dem prachtvollen königlichen Küchengarten von Versailles, wurden sie im großen Stil angebaut. Der Chefgärtner Jean-Baptiste de La Quintinie ließ dort einen speziellen Feigengarten anlegen, den er – analog zur Orangerie – *Figuerie* taufte: ein vertieftes Stück Land, auf dem 700 Feigenbäume in Töpfen und als Spalier gezogen wurden, darunter auch die schwarzblaue *Violette de Bordeaux*. Die *Figuerie* lieferte bis zu 4000 Feigen pro Tag für die Tafel des Sonnenkönigs, sechs Monate im Jahr. La Quintinie hatte ausgefeilte Anbaumethoden entwickelt und konnte dem König deshalb schon im Juni die ersten Früchte präsentieren. Seiner Meinung nach war die Feige die »beste aller Baumfrüchte«, und in seinem Lehrbuch über den Obstbau erklärt er auch, woran man eine wahrhaft perfekte Feige erkennt: Man müsse nur »die Schulterbewegungen und die Augenbrauen derjenigen beobachten, die sie essen«!

Erfreulicherweise ist die *Violette de Bordeaux* auch heute noch in Baumschulen erhältlich, und überdies ist sie ziemlich frostfest – sie gedeiht an geschützten Stellen auch bei uns. Vorsicht ist allerdings bei der Sortenwahl geboten: Die *Violette de Bordeaux* ist weder mit der *Ronde de Bordeaux* noch mit der *Rouge de Bordeaux* identisch; heutzutage firmiert sie oft unter dem spröden Namen *Negronne*.

SYNONYME
Birnfeige, Angélique Noire, Negronne, Petite Aubique

BESCHREIBUNG
zweimal jährlich tragende dunkle Feige

HERKUNFT
Frankreich, 17. Jahrhundert

FRUCHT
birnenförmig, außen schwarzblau, innen erdbeerrot

AROMA
besonders aromatisch

REIFE
erste Ernte Mitte Juli, zweite Ernte August bis Oktober

BAUM
relativ winterhart, tief eingeschnittene Blätter, für warme Lagen

Großfrüchtige Mispel

Fast vergessene Frucht der Klostergärten

»Knotig, krumm und ungestalt« nannte Johann Prokop Mayer, Hofgärtner in Würzburg, den Mispelbaum und tadelte 1779, er lasse »seine Äste unordentlich auseinander hängen«. Gut 200 Jahre später scheint sich der Geschmack gewandelt zu haben. Der britische Autor und Gärtner Nigel Slater fand seine Mispel jedenfalls »vom ersten Tag an einfach atemberaubend« – mit ihren »weißen, gardeniengleichen Blüten im Frühling, die sich bis zum Herbst in mehr als hundert Früchte verwandelt hatten, verborgen zwischen rost- und goldfarbenen Blättern« sei sie der schönste Baum in seinem Garten. Slater empfiehlt die Mispel als dekorativen Obstbaum für kleine Gärten, gerade wegen ihres »wunderlichen, hoffnungslos krummen« Wuchses. Auch die Früchte sehen eher bizarr als elegant aus, bei der wilden Mispel wie bei der hier vorgestellten großfruchtigen Sorte: breite rostbraune Klumpen mit einer von Kelchblättern umgebenen Öffnung, die ihnen im Saarland den Spitznamen »Hundsarsch« eingebracht hat.

Die Mispel war schon den Römern bekannt und gehörte im Mittelalter zu den beliebtesten Früchten der Kloster- und Bauerngärten. Schon in Hieronymus Bocks *Kräuterbuch* von 1560 heißt es, sie »bedarf nit viel Pflanzens, wächst gern an rauen unbebauten Örtern«, und mancherorts finden sich bis heute verwilderte Mispeln. Ihr püreeartiges Fleisch schmeckt roh wie gekocht überaus aromatisch – allerdings erst nach dem ersten Frost, vorher sind Mispeln steinhart. Allen, die nicht so lange warten wollen, sei ein sehr moderner Trick verraten: Ein paar Tage in der Tiefkühltruhe tun es auch.

SYNONYME
Asperl, Hundsarsch, Néflier à gros fruits

BESCHREIBUNG
im Mittelalter sehr beliebtes Obstgehölz

HERKUNFT
schon zu Römerzeiten bekannt

FRUCHT
rostbraun, breitrund, bleibt lange am Baum hängen

AROMA
nach Frost oder Lagerung weiches, süß-säuerliches Fleisch

REIFE
pflückreif ab Oktober, genussreif nach dem ersten Frost

BAUM
kleiner, ausladender Baum mit prächtiger Blüte und Herbstfärbung

Krachmandel

Zarte Schale, zarter Kern

Erst mit dem Schuhabsatz. Dann mit dem Nussknacker. Dann mit dem Hammer. Wer jemals versucht hat, eine in Frankreich oder Italien am Wegesrand aufgelesene Mandel zu knacken, kennt die wahrhaft steinharte Schale dieser Steinfrüchte (nicht »Nüsse« – die Mandel ist eine Cousine des Pfirsichs). Bei den sogenannten Krachmandeln gibt es das Problem nicht: Sie heißen auch »Damenmandeln«, weil sie gewaltfrei zu knacken sind; ihre äußere Schale ist so brüchig, dass sie fast von selbst zerbröselt.

Der altgriechische Autor Theophrast schrieb, man müsse einen Baum mit hartschaligen Mandeln nur drei Jahre lang immer wieder mit warmem Wasser gießen, um seine Früchte in weichschalige zu verwandeln. So einfach geht das leider nicht: Krachmandeln sind eine eigene Art, *Prunus dulcis fragilis* – »brüchige Süßmandel«. Bei uns gedeiht sie vor allem in Weinbaugebieten, zum Beispiel im Pfälzerwald. Dort hat sich als Lokalsorte die »Dürkheimer Krachmandel« entwickelt (nicht zu verwechseln mit der Dürkheimer *Pracht*mandel, einem reinen Zierbaum). Sie öffnet schon im März ihre betörend schönen Blüten und liefert – wenn ihr kein Spätfrost den Garaus macht – im Herbst ihre zartschaligen Früchte.

Diese kann man übrigens schon im Spätfrühling als *amandes vertes* genießen: Der Münchner Koch Hans Gerlach empfiehlt, die noch grünen Mandeln mitsamt ihrer samtigen Hülle in hauchdünne Scheiben zu schneiden und als besondere Delikatesse mit reichlich Zitrone auf Risotto, Spargel oder Salat zu servieren. Reife Mandelkerne gibt es schließlich auch im Laden.

SYNONYME
Frauenzimmermandel, Prinzessinnenmandel, Amande des dames

BESCHREIBUNG
dünnschalige Mandel mit süßen Kernen

HERKUNFT
schon im antiken Griechenland bekannt

FRUCHT
leicht zu knackende, große Mandel mit länglichen Kernen

AROMA
knackig und süß

REIFE
pflückreif September / Oktober, ca. 1 Jahr haltbar

BAUM
kleiner Baum für sehr warme, geschützte Lagen, prächtige Blüte im März

Portugiesische Birnenquitte

Blassrosa Blüten, froschgrünes Laub, knallgelbe Früchte

Waren die sagenhaften goldenen Äpfel der Hesperiden, die Herkules einst pflücken sollte, in Wahrheit Quitten? Pierre-Antoine Poiteau und andere Autoren halten das für möglich, schon wegen der Farbe der einst »Goldapfel« genannten Früchte. Tatsächlich sind Quitten strahlend goldgelb – und die »schönste und größte unter den Quitten« ist laut Poiteau die Portugiesische Birnenquitte (ob sie auch, wie er vermutete, gegen Trunkenheit hilft, ist nicht erwiesen).

Tatsächlich sind die gelben Früchte dieser Sorte riesengroß und bildschön – überdies wachsen sie an einem Baum, der es mit jedem Ziergehölz aufnehmen kann: Die Portugiesische Birnenquitte ist im Frühjahr mit riesigen rosa Blüten übersät, schmückt sich im Sommer mit großen, dekorativen Blättern und trägt im Herbst so viele goldene Früchte, dass sich die Äste biegen.

Roh sind diese zwar steinhart, dafür schmecken sie mit reichlich Zucker gekocht herrlich. Und sie duften. Plinius der Ältere schrieb schon vor fast 2000 Jahren, die Früchte mit säuerlich-herbem Geschmack seien die mit dem besten Geruch: Zitronen und Quitten. Reife Quitten kann man auf Hochglanz polieren und als strahlenden Duftspender aufs Fensterbrett legen; an grauen Herbsttagen gibt es kaum etwas Tröstlicheres als fruchtig-süßen Quittenduft. Angeblich ist er auch heilsam: Schon in Hieronymus Bocks *Kräuterbuch* von 1560 heißt es, eine Quitte, »in Händen getragen und daran gerochen oder in die Gemache gestellt« sei gut gegen »böse Lufft« und habe »hertzstärckente Krafft«.

SYNONYME
Große Birnquitte,
Coing de Portugal

BESCHREIBUNG
besonders schöne,
große Quitte

HERKUNFT
wohl Portugal, vor 1772

FRUCHT
groß, leuchtend gelb,
birnenförmig

AROMA
roh ungenießbar,
gekocht süßsauer und
sehr aromatisch

REIFE
pflückreif Oktober,
genussreif bis November

BAUM
dekorativer Baum mit
herrlicher Blüte, für
wärmere Lagen

Schwarze Maulbeere

Die blutrote Beere der antiken Dichter

»Außer Hühnern und Kindern isst niemand weiße Maulbeeren«, schrieb Pierre-Antoine Poiteau 1835 verächtlich – tatsächlich wird *Morus alba* fast ausschließlich als Futter für Seidenraupen angepflanzt, nicht wegen der faden Früchte. Wer Maulbeeren als Obst entdecken möchte, sollte Poiteaus Meinung nach schwarze Maulbeeren (*Morus nigra*) kosten: »Sie sind so nahrhaft und erfrischend wie Johannisbeeren, Erdbeeren oder Himbeeren.« Henri Duhamel du Monceau schrieb 1768, man esse die überaus leckeren Beeren, die aussehen wie Brombeeren, aber längst nicht so sauer sind, roh als Vorspeise. Ob Vor- oder Nachspeise: Streng genommen sind sie gar keine Beeren, sondern Scheinfrüchte (und keine Sorte, sondern eine Art). Sie stammen aus Persien, gelangten aber schon in der Antike nach Europa und inspirierten mit ihrer seltsamen Färbung die Dichter: erst weiß, dann dunkel blutrot.

»Und die von dem Blute getränkte Wurzel färbte mit Purpurs Schwarz die hangenden Beeren«, schrieb Ovid in seinen *Metamorphosen* über den tragischen Tod der Liebenden Pyramus und Thisbe unter einem Maulbeerbaum. In der Tat sind reife schwarze Maulbeeren rot wie Blut und färben von Fingern über Fußsohlen bis zu Kleidungsstücken alles, was mit ihnen in Berührung kommt; man sollte diesen schönen Baum mit seinem dekorativen Laub also an eine warme, abgelegene Ecke des Gartens pflanzen. Dort kann er dann tausend Jahre alt werden wie der berühmte Maulbeerbaum der Abtei Brauweiler – unter ihm soll schon 1024 die Klostergründerin Mathilde geträumt haben.

SYNONYME
Morus nigra, Mûrier noir

BESCHREIBUNG
saftig-aromatische schwarzrote Baumfrucht

HERKUNFT
wohl aus Persien, schon in der Antike bekannt

FRUCHT
dunkelrote, große brombeerähnliche Beeren

AROMA
intensiv süß-säuerlich mit färbendem Saft

REIFE
pflück- und genussreif nach und nach von Juli bis September

BAUM
kleiner bis mittelgroßer Baum mit hübschem Laub, für warme Lagen

Walnuss Bijou

Ein Schmuckkästchen von einer Nuss

In den Geschäften am Pariser Palais Royal gab es im 19. Jahrhundert diese großen Walnüsse zu kaufen – aber nicht etwa zum Verzehr: Mit feinen Handschuhen oder hauchzarten Seidenstrümpfen befüllt, wurden sie als Neujahrsgeschenke für vornehme Damen angeboten. Dazu knackte man die Nüsse, belegte die beiden – außerordentlich großen – Schalenhälften außen mit Blattgold oder Silber und fügte sie samt Inhalt mit Hilfe eines Seidenbands wieder zusammen. Besonders kostbare Versionen hatten goldene Fassungen, Scharniere und Riegel, waren mit rotem Samt gepolstert und enthielten kleine Kostbarkeiten: Elfenbeinwürfel, Miniaturbücher, kleine Scheren oder Pinzetten, Schreibtäfelchen aus Elfenbein, winzige Bleistifte. »Alles sehr hübsch«, wie ein Zeitgenosse bemängelte, »aber zu zart, um es Kindern in die Hand zu geben und zu klein für den Gebrauch Erwachsener, […] also vollkommen nutzlos.«

Heute sind die Neujahrsnüsse aus der Mode gekommen – den französischen Sortennamen *Noix à bijoux*, »Schmuckstücknuss« trägt diese außergewöhnlich große, bis zu 6 Zentimeter lange Walnuss nach wie vor. Im Deutschen wird sie auch »Polternuss« genannt, denn die Riesennüsse sehen zwar imposant aus, enthalten aber nur normal große Kerne, die getrocknet im Inneren »herumpoltern«. Allen, die mit ihren Kindern gerne basteln, sei diese Sorte dennoch empfohlen: Ihre geräumigen Schalen ergeben prächtige Spielzeugboote, Puppenbetten oder Schildkrötenpanzer. Und vielleicht könnte man ja auch den schönen Brauch der Neujahrsnuss neu beleben?

SYNONYME
Pferdenuss, Polternuss, Noix à bijoux

BESCHREIBUNG
alte Walnusssorte mit riesigen Früchten

HERKUNFT
Frankreich, vor 1771

FRUCHT
bis zu 6 cm lang, nicht ganz gefüllt, leicht zu knacken

AROMA
frisch besonders aromatisch

REIFE
erntereif September/Oktober

BAUM
kräftig wachsend, für warme Lagen

Weitere Empfehlungen

p – pflückreif
g – genussreif, in Monaten

ALTE OBSTSORTEN
Gelbe Muskateller (Abb. S. 136/137) – klassische, seit Jahrhunderten beliebte weiße Traubensorte, auch als Tafeltraube geeignet (p + g 9)
Pfälzer Fruchtfeige – seit 1908 in Deidesheim bekannte Feigensorte, zweimaltragend, selbstfruchtbar, recht frosthart (p + g 6 u. 9)
Würzburger Goldquitte – fränkische Lokalsorte der Apfelquitte, rund und aromatisch (p 9–10, g 10–11)

NÜSSE & CO.
Esskastanie Ecker 1 – ehemalige Waldkastaniensorte aus der Steiermark, seit über fünfzig Jahren vermehrt, selbstfruchtbar (p 9–10, g 9–11)
Hallesche Riesennuss – sehr großfruchtige, rundliche Haselnuss, 1788 in Halle als Zufallssämling gefunden (p 9, ca. 1 Jahr haltbar)
Rote Donaunuss – dekorative rotfruchtige Walnusssorte aus dem niederösterreichischen Ort Ybbs an der Donau (p 10, ca. 1 Jahr haltbar)

WILDOBST
Berberitze (*Berberis vulgaris*) – die roten Beeren der einheimischen Berberitze sind gekocht als Marmelade nutzbar, getrocknet als Gewürz für orientalische Gerichte (p + g 8–9)

Elsbeere (*Sorbus torminalis*) – selten gewordenes einheimisches Gehölz mit dekorativen Blättern und schöner Herbstfärbung; die rundlichen Früchte sind nach dem ersten Frost oder nachgereift essbar und werden zum Schnapsbrennen verwendet (p + g 10)

Felsenbirne (*Amelanchier ovalis*) – schon seit dem 16. Jahrhundert genutztes Obstgehölz mit zierenden Blüten, dunkelblauen aromatischen Früchten und spektakulärer Herbstfärbung (p + g 8)

Holunder (*Sambucus nigra*) – Strauch mit duftenden, essbaren Blüten und vitaminreichen, nur gekocht essbaren Beeren; wurde schon in prähistorischer Zeit genutzt (p + g 8–9)

Kornelkirsche (*Cornus mas*) – einst weit verbreitetes Wildobst mit aromatischen, dunkelroten ovalen Früchten, die für Marmelade, Saft oder Schnaps genutzt werden können (p + g 9)

Sanddorn (*Hippophae rhamnoides*) – robustes Gehölz für sandige Böden mit besonders vitaminreichen orangefarbenen Beeren (p + g 8–9)

Schlehe (*Prunus spinosa*) – kleine, herbe Wildpflaume mit herrlicher Blüte, ideal für Naturgärten; ergibt aromatischen Likör (p + g 10)

Speierling (*Sorbus domestica*) – schöner Baum mit gefiedertem Laub, prächtiger Herbstfärbung und gelb-roten Früchten, die sich als Zugabe zu Marmelade oder Apfelwein eignen; größere Früchte trägt die Sorte »Sossenheimer Riesen« (p + g 9–10)

Obstanbau & Sortenwahl

ALTE SORTEN FÜR ALLE
Großer Garten, kleiner Garten, gar kein Garten

Wer einen **großen Garten** hat, ist gut dran: Dort gibt es Platz für Obstbäume und Beerensträucher, für Wildobsthecken und Erdbeerbeete, und man kann dieses Buch wie einen Wunschzettel benutzen: Soll der Sitzplatz im Schatten lieber unter einem Walnussbaum oder einem Apfelbaum liegen? Wo könnte eine Aprikose oder Feige ihr sonniges Plätzchen finden? Welche Kirsche klingt am appetitlichsten? Wäre es nicht schön, statt eines reinen Ziergehölzes eine blühende Quitte oder Mispel neben die Terrasse zu setzen? Sollte man an die Grundstücksgrenze vielleicht eine lockere Hecke aus Wildpflaumen, Kornelkirschen und Holunder pflanzen?

Solche Fragen stellen sich in einem **kleinen Garten** nicht unbedingt. Dort geht es eher darum, alles unterzubringen – Sitzplatz und Spielfläche, Blumenbeet und Beerenbüsche, Gartenteich und Grillstelle. Obstbäume können trotzdem ihren Platz finden: Sogenannte Spindelbüsche oder Buschbäume werden nur 3 bis 4 Meter hoch und brauchen nur wenige Meter Abstand zueinander. Noch weniger Raum nehmen flache Spalierbäume ein – man kann sie an die Hausmauer pflanzen, wie einen lebenden Zaun neben einen Gartenweg oder zwischen zwei Gartenbereiche setzen, sie als Sichtschutz vor Mülltonnen oder Komposthaufen platzieren. In spezialisierten Baumschulen sind auch alte Obstsorten als kleinwüchsige Büsche oder als Spalierformen wie »Aprikosen-Etagenbäume« oder »Apfelbäume in Doppel-U-Form« zu finden. Wer möchte, kann sich sogar zwei oder gar drei Wunschsorten auf einen einzigen »Familienbaum« veredeln lassen. Übrigens passen auch Hochstamm-Obstbäume, die Vögeln und Insekten Lebensraum bieten, in kleine Gärten – unter ihrem Kronendach kann man wunderbare Sitzplätze einrichten.

Wer keinen Garten, aber immerhin einen **Balkon** hat, kann auch dort Obst anbauen: Selbst auf der kleinsten Fläche lassen sich ein paar Blumentöpfe oder Pflanzkübel für Beerenbüsche, Erdbeerpflanzen oder Obstbäume in extrem schwachwüchsigen Formen unterbringen. Alte Apfelsorten wie Ananasrenette oder Gravensteiner gibt es zum Beispiel auch als balkontaugliche Zwergapfelbäume; auch Birnen-, Kirschen- und Pflaumenklassiker werden als kleinwüchsige Formen angeboten. Wer besonders platzsparendes Säulenobst wählt, sollte bei der Sortenwahl aufpassen: Oft handelt es sich bei sogenannten »Ballerina-Bäumen« um Neuzüchtungen, die geschmacklich nicht an alte Sorten heranreichen – mit etwas Geduld findet man aber auch Klassiker wie Gellerts Butterbirne, die Hedelfinger Riesenkirsche oder den Apfel Finkenwerder Herbstprinz als »Säule im Topf«.

Übrigens lassen sich alte Obstsorten auch ganz ohne Garten oder Balkon genießen: auf **Streuobstwiesen**. Wer sich einer Streuobstinitiative anschließt oder eine Baumpatenschaft übernimmt, kann nicht nur alte Obstsorten ernten, sondern betreibt gleichzeitig praktischen Naturschutz. In vielen Gegenden Deutschlands, Österreichs und der Schweiz kümmern sich Naturschutzverbände und lokale Gruppen um das kostbare Biotop der alten Streuobstwiesen und vermitteln »herrenlose« Bäume an interessierte Paten. Wer sich dort engagiert, kann vom Baumschnitt über die Blüte im Frühjahr bis zur Ernte im Herbst den Naturkreislauf der Obstwiesen genießen und sich an aromatischen, naturbelassenen Früchten erfreuen (mehr dazu ab S. 180).

DER ERSTE SCHRITT
Welches Obst soll es sein?

Vor der Auswahl einer alten Sorte muss erst einmal entschieden werden, welche Obstart es sein soll – und ob sie ins heimische Klima passt: Wer im Gebirge, in einer besonders regenreichen Gegend oder an einem schattigen Nordhang wohnt, sollte seine Träume von Mandeln und Aprikosen lieber begraben. Hier ein kurzer Überblick über die wichtigsten einheimischen Obstarten und ihre Bedürfnisse:

Apfel: große weiß-rosa Blüten, robuste Bäume in vielen Größen vom Spindelbusch bis zum breitwüchsigen, schattenspendenden Hochstamm; die zahlreichen Sorten werden nach ihrer Pflück- und Genussreife eingeteilt in Sommeräpfel (pflück- und genussreif im Sommer), Herbstäpfel (pflückreif im Herbst, genussreif bis Weihnachten) und Winteräpfel (pflückreif im Herbst, genussreif bis Frühjahr oder Sommer).

Aprikose: kleine rosa Blüten, eher kleinwüchsige, sehr wärmebedürftige Art für Spaliere, sonnige Lagen oder Weinbauklima, reif im Hochsommer.

Birne: schneeweiße Blüten, in vielen Wuchsformen verfügbar; die Sorten werden wie bei Äpfeln nach Pflück- und Genussreife in Sommerbirnen, Herbstbirnen und lagerfähige Winterbirnen eingeteilt, außerdem gibt es noch Mostbirnen und (roh nicht genießbare) Kochbirnen.

Kirsche: weiße Blütenbüschel und buntes Herbstlaub, in vielen Wuchsformen verfügbar; unterschieden werden großfruchtige Süßkirschen und kleinere, weiche Sauerkirschen mit süß-säuerlichem Geschmack, die je nach Sorte zwischen Anfang Mai (»1. Kirschwoche«) und Oktober (»12. Kirschwoche«) reifen, meist aber im Juni oder Juli.

Pfirsich: dunkelrosa Blüten und prächtige Herbstfärbung, kleinwüchsig und sehr wärmebedürftig, nur die »kernechten« einheimischen Sorten sind auch für kühlere Lagen geeignet, reif im Spätsommer.

Pflaume: vielgestaltige Art mit schneeweißen Blüten und gelben, grünen, violetten oder blauen, runden oder länglichen Früchten; großfruchtige Pflaumen brauchen warme Lagen, Zwetschgen und alte Landsorten gedeihen auch in kühlerem Klima; reif je nach Sorte zwischen Juli und September.

Sonstige Arten: Feige, Mandel, Maulbeere und Mispel sind kleinwüchsige Bäume für warme Lagen; robuster und starkwüchsiger sind Quitte und Walnuss.

DER PFLANZPLAN
Standort – Wuchsform – Befruchtung

Sobald klar ist, welche Obstarten gepflanzt werden sollen, muss der geplante **Standort** analysiert werden, am besten mit Hilfe einer kleinen Gartenskizze: Wohin würden Obstgehölze passen? Sind die betreffenden Stellen schattig oder sonnig, trocken oder feucht? Und vor allem: Wie viel Platz steht jeweils zur Verfügung? Wer der Versuchung erliegt, alles in den Garten zu setzen, was lecker und interessant aussieht, wird nichts ernten – Bäume, die zu eng beieinander stehen, rauben einander schon nach wenigen Jahren Licht und Nährstoffe und tragen keine Früchte.

Gute Baumschulen bieten alte Obstsorten in mehreren **Wuchsformen** an. Obstsorten werden vermehrt, indem man sogenannte Edelreiser auf eine Unterlage aufpfropft; so lässt sich die Größe des Baums steuern: Auf extrem schwachwüchsigen Unterlagen wachsen sogenannte **Spindelbüsche**, die nur um die 2 Meter hoch werden, schmal bleiben und deshalb sehr dicht nebeneinander gepflanzt werden können, auch als **Obsthecke**. Ähnlich platzsparend sind **Spalierbäume**, bei denen die Äste flach zur Seite wachsen. Etwas größer, 3 bis 4 Meter hoch und breit, werden **Buschbäume** – keine Büsche, sondern kleine Bäume. Starkwüchsige Unterlagen werden für **Halb- und Hochstämme** verwendet: »richtige« Bäume, deren Krone bei einer Stammhöhe von 120 bzw. 180 Zentimetern beginnt. Hochstämme brauchen im Garten übrigens weniger Platz als Halbstämme, weil man unter ihnen hindurch (statt um sie herum) gehen kann – die Krone hat allerdings je nach Art bis zu 8 Meter Durchmesser, bei starkwüchsigen Arten wie Walnüssen noch mehr.

Außerdem sollte bedacht werden, dass manche Obstarten einen **Befruchter** brauchen: **Äpfel**, **Birnen**, fast alle **Süßkirschen** und **Renekloden** tragen nur Früchte, wenn eine andere Sorte der gleichen Art in der Nähe wächst. Man muss aber nicht unbedingt zwei Bäume pflanzen: Zum einen genügt ein passender Baum in Nachbars Garten für die Befruchtung, zum anderen bieten viele Baumschulen sogenannte »Duo-Bäume« an, also zwei alte Obstsorten auf einem einzigen Stamm, die sich gegenseitig befruchten. Selbstbefruchtend sind Aprikosen, fast alle Beeren, Quitten, Pfirsiche, viele Pflaumen und Zwetschgen, Sauerkirschen sowie Mandeln, Maulbeeren, Mispeln und Walnüsse.

DIE AUSWAHL ALTER SORTEN
Eine echte Geschmacksfrage

Wenn klar ist, was gepflanzt werden soll – vielleicht ein Hochstamm-Apfelbaum in die hintere Gartenecke (zu befruchten von Nachbars Apfel), zwei Säulenkirschen neben die Terrasse, eine Pflaume an den Zaun und ein Aprikosen-Spalier an die Hausmauer? – steht die Sortenwahl an. Erstklassige Baumschulen führen von jeder Obstart Dutzende alter Sorten zur Auswahl; manche Spezialisten bieten gar über hundert verschiedene Apfel- oder Birnensorten an. Beim Aussuchen lohnt es sich, Lokalsorten in Betracht zu ziehen: Sorten, die im feuchten, kühlen norddeutschen Klima gut gedeihen, fühlen sich in süddeutschen Weinbaulagen nicht unbedingt wohl und umgekehrt.

Und dann gilt: Obst ist **Geschmackssache** – beim Aussuchen darf es radikal subjektiv zugehen! Das fängt bei den Arten an (der eine mag Kirschen, die andere Äpfel) und geht bei den Sorten weiter: Der eine schwört auf Gravensteiner, die andere liebt Goldparmänen. Und manchmal weiß man gar nicht, wie die Lieblingssorte heißt. Diese knackige kleine Birne, die wir neulich am Feldrand gepflückt hatten? Die schwarze Kirsche von dem riesigen alten Baum in Omas Garten? Dann lohnt es sich, Sortenlisten zu durchstöbern oder Fachleute zu fragen; oft lässt sich die geliebte Frucht identifizieren. Falls der Originalbaum noch steht, kann man die Sorte auch »namenlos« retten, indem man ein paar einjährige Zweige abschneidet und zur Vermehrung in eine Baumschule bringt.

Wer noch keine Lieblingssorte hat, kann auf dem Wochenmarkt, im Bioladen oder auf einem Obsthof alte Obstsorten probieren. Insbesondere bei Äpfeln lohnt es sich, vor dem Pflanzen zu kosten – die gleiche Sorte findet der eine »angenehm süß«, die andere »fad«, die nächste Sorte dagegen »zu sauer« oder aber »herrlich erfrischend« …

Außerdem ist es sinnvoll, bei der Sortenwahl über den **Verwendungszweck** nachzudenken: Sollen es leckere Früchte zum Sofortessen sein? Etwas Robustes zum Kochen? Oder lieber eine Lagersorte – Äpfel oder Birnen, die sich bis in den Winter halten?

Die Auswahl ist jedenfalls riesig. Außer den Sorten, die in diesem Buch vorgestellt werden, gibt es noch viele, viele weitere – auf alte Obstsorten spezialisierte Baumschulen sind hier die richtigen Ansprechpartner.

DIE GARTENPRAXIS
Pflanzen – Pflegen – Ernten

Das **Pflanzen** eines Obstbaums ist nicht schwer; die beste Zeit dafür ist der Spätherbst. Wurzelnackte Gehölze werden zunächst in einem Eimer gewässert, beschädigte Wurzeln schneidet man ab. Dann hebt man ein Loch aus, das groß genug für die Wurzeln oder den Wurzelballen ist; falls im Garten Wühlmäuse unterwegs sind, legt man es mit unverzinktem Karnickeldraht aus. Anschließend setzt man den Baum senkrecht in das Loch (das geht am besten zu zweit) und schlägt einen Stützpfahl so ein, dass er parallel zum Stamm steht. Danach wird das Loch mit guter Gartenerde aufgefüllt und der junge Baum gründlich gewässert. Mit einem dicken, weichen Seil wird er an den Pfahl gebunden, am besten in Form einer Acht, damit nichts scheuert; an windigen Stellen verwendet man besser ein Pflanzgerüst aus drei Pfählen.

Viel **Pflege** brauchen einheimische Obstgehölze nicht. Unerlässlich ist es, die jungen Bäume in Hitzeperioden regelmäßig zu gießen, vor allem im ersten Jahr. Außerdem ist der **Baumschnitt** wichtig: Äpfel und Birnen, aber auch Steinobst wie Pflaumen und Pfirsiche tragen besser, wenn überschüssige Äste im Vorfrühling entfernt werden, damit Licht in die Krone eindringen kann. Der erste sogenannte »Erziehungsschnitt« findet oft schon beim Kauf in der Baumschule statt. In späteren Jahren ist es vor allem wichtig, die Krone regelmäßig auszulichten und Zweige zu entfernen, die nach innen wachsen, sich kreuzen oder als »Wasserschosse« senkrecht emporragen. Dabei gilt es, möglichst wenige Schnitte zu machen, keine dicken Äste zu kappen und keine »Kleiderhaken« zu produzieren, sondern Äste glatt abzuschneiden. Auch **Misteln** müssen unbedingt entfernt werden – sie lassen den Baum absterben und stehen entgegen einer weitverbreiteten Meinung nicht unter Naturschutz. Wer lernen möchte, wie man Obstbäume schneidet, sollte einen Kurs besuchen – die Prinzipien des Baumschnitts lernt man am besten in der Praxis.

Je nach Sorte und Baumgröße ist schon nach einem oder erst nach zehn Jahren mit der ersten **Ernte** zu rechnen. Seltsamerweise empfinden viele Gartenbesitzer das als Stress: Man müsse das ganze Obst ja verarbeiten! Dabei existiert kein Gesetz, das die Herstellung von Kompott, Gelee oder Marmelade vorschreibt. Es gibt so viele andere Möglichkeiten: Man schlägt sich den Bauch mit Kirschen, Renekloden oder Pfirsichen voll, bis man keine Lust mehr hat, und überlässt den Rest den Vögeln; die werden sich freuen. Man veranstaltet eine Obstparty und lädt Freunde zum Ernten ein. Man lagert Äpfel und (unreif geerntete!) Winterbirnen im Keller ein und isst sie nach und nach. Man stellt die Überfülle in einer Obstkiste mit einem »Zu verschenken«-Schild an die Straße oder bietet sie im Internet oder per Zettel an einem schwarzen Brett zur Ernte an. Man kann das Obst – insbesondere Äpfel und Birnen – auch einfach herunterschütteln und in einer Kelterei zu Saft pressen lassen oder für »eigenen« Schnaps in eine Brennerei bringen. Inzwischen geht das Aufsammeln sogar ohne Bücken: eine Erfindung namens »Obstsammler« muss nur über den Boden gerollt werden und fängt die Früchte in einem Körbchen. Und natürlich gibt es viele köstliche Rezepte für alte Obstsorten; ein paar davon sind auf den folgenden Seiten aufgeführt.

Auf jeden Fall gilt: Obst sollte keinen Stress bereiten, sondern Freude!

Rezepte

Die folgenden Rezepte sind nur eine kleine Auswahl aus Hunderten, wenn nicht Tausenden von Obstrezepten aus aller Welt: fünf Grundrezepte und elf Rezeptklassiker aus verschiedenen Gegenden Europas.

Grundrezepte

Praktisch alle in diesem Buch vorgestellten Obstsorten lassen sich zu Marmelade, Saft, Sirup, Gelee, Kompott oder Mus verarbeiten, und man kann sie dörren. Die entsprechenden Basismethoden sind schnell erklärt und können auf vielfältigste Weise abgewandelt werden: Man kann das Aroma mit Gewürzen, Kräutern oder Zitrusnoten verfeinern, Kombinationen verschiedener Obstarten testen oder die Konsistenz durch knackige Nüsse interessanter machen. Vor der Verarbeitung sollte das Obst gewaschen und wenn nötig geschält, entsteint bzw. entkernt oder in Stücke geschnitten werden.

Marmelade: Die vorbereiteten Früchte mit der gleichen Menge Gelierzucker etwa 5 Minuten kochen. Sobald eine kleine Probe auf einem kalten Teller geliert, in sterilisierte Gläser abfüllen und gut verschließen.

Saft, Sirup & Gelee: Die vorbereiteten Früchte in etwas Wasser weich kochen, bis reichlich Saft entsteht. Über Nacht durch ein Mulltuch abtropfen lassen und den Saft auffangen. Abfüllen und innerhalb weniger Tage als Saft trinken, mit Zucker zu Sirup eindicken oder mit der gleichen Menge Gelierzucker zu Gelee einkochen. Sobald eine Probe geliert, in sterilisierte Gläser füllen und gut verschließen.

Kompott: Die Früchte oder Fruchtstücke mit etwas Wasser oder Saft weich kochen und dabei nach Geschmack Zucker zugeben. Warm oder kalt essen; Schlagsahne oder Eis schmecken gut dazu.

Mus: Gekochte, nach Geschmack gezuckerte Früchte mit dem Pürierstab zerkleinern, durch ein Sieb streichen oder mit der Flotten Lotte pürieren.

Dörren: Bei »trockeneren« Obstarten wie Äpfeln oder Birnen geht das auch ohne Dörrgerät: Entkernen, in dünne Scheiben schneiden und auf Backblechen auslegen. Bei 50 °C Umluft im Backofen einige Stunden dörren, dabei die Ofentür mit einem eingeklemmten Kochlöffel einen Spalt offen halten.

Klassische Obstgerichte

ÄPFEL

Schweizer Apfelwähe

Ein leckerer flacher Apfelkuchen aus der Schweiz – wer es besonders eilig hat, kann eine fertige Teigplatte dafür verwenden.

Für 4–6 Personen

Für den Teig:	200 g Mehl
	1 Prise Backpulver
	100 g kalte Butter, gewürfelt
	50 g Puderzucker
	1 Prise Salz
	1 Ei
Für den Belag:	4 große oder 5 kleine Äpfel
	150 g gemahlene Haselnüsse
Für den Guss:	200 ml Sahne
	100 ml Milch
	2 Eier
	4 EL Puderzucker
	1 Päckchen Vanillezucker

Für den Teig Mehl und Backpulver mischen. Die Butter mit den Fingern ins Mehl reiben; Puderzucker und Salz einarbeiten. Das Ei unterkneten, den Teig zu einer Kugel formen und mindestens eine Stunde kalt stellen. Den Backofen auf 200 °C vorheizen.

Den Teig ausrollen, eine gebutterte 28-cm-Tarteform damit auslegen und die gemahlenen Haselnüsse auf dem Teigboden verteilen. Die Äpfel vierteln, entkernen und in dünne Spalten schneiden. Leicht überlappend in Kreisen auf den Haselnüssen auslegen. Die Zutaten für den Guss gründlich verrühren und die Äpfel damit übergießen.

Auf der untersten Schiene des Backofens 30 bis 40 Minuten backen, bis die Wähe goldbraun ist.

Apple Crumble

Eine dank Haferflocken besonders knusprige Version des klassischen englischen Streuselauflaufs – funktioniert auch mit anderem Obst!

Für 4–6 Personen

Für die Füllung: 1 kg säuerliche Äpfel
1–3 EL Zucker
1 EL Wasser oder Apfelsaft

Für die Streusel: 130 g Mehl
100 g feiner brauner Zucker
100 g Butter
50 g kernige Haferflocken

Den Ofen auf 200 °C vorheizen. Die Äpfel vierteln, entkernen und jedes Viertel halbieren. In einen Topf geben, nach Geschmack mit Zucker bestreuen, einen Esslöffel Wasser oder Apfelsaft zugeben und ein paar Minuten dünsten, bis die Äpfel anfangen, weich zu werden. In eine flache Auflaufform umfüllen.

Für die Kruste alle Zutaten von Hand zu Streuseln verkneten (besonders üppig wird das Ganze, wenn man auch noch gehackte Nüsse untermischt). Über die Äpfel verteilen. Etwa 30 Minuten backen, bis die Kruste goldbraun und knusprig ist.

APRIKOSEN

Wachauer Marillenknödel

Diese österreichische Spezialität schmeckt als Hauptgericht wie als Dessert, am besten mit echten Wachauer Marillen.

Ergibt 8 Knödel

Für den Teig:	125 g Mehl
	60 g weiche Butter
	250 g Topfen (Quark, 20 % Fett i.Tr.)
	1 Ei
	abgeriebene Schale von einer Zitrone
	1 Prise Salz
Für die Füllung:	8 kleine reife Marillen (Aprikosen)
	8 braune Zuckerwürfel
Für die Brösel:	150 g Semmelbrösel
	100 g Butter
	1–2 EL Puderzucker

Alle Teigzutaten gründlich verkneten, den Teig zu einer Rolle formen und mindestens 30 Minuten kalt stellen. Die Aprikosen vorsichtig entsteinen – unten anritzen, dann von oben einen Kochlöffelstiel hindurchstoßen – und anstelle der Steine je einen Zuckerwürfel hineinstecken. Einen großen Topf leicht gesalzenes Wasser zum Kochen aufsetzen.

Die Teigrolle halbieren und die entstehenden Teile jeweils weiter halbieren, bis acht Stücke entstanden sind. Eine Teigscheibe in die Hand nehmen, flach drücken, eine Aprikose darauflegen, den Teig ganz darum schließen und mit nassen Fingern glatt streichen. Mit den übrigen Früchten wiederholen.

Die Knödel nacheinander ins leicht köchelnde Wasser geben und ca. 10 Minuten sieden lassen, bis sie zur Oberfläche aufsteigen. Während die Knödel kochen, die Semmelbrösel mit der Butter in einer Pfanne goldbraun anrösten und zum Schluss nach Geschmack mit Puderzucker süßen. Die fertigen Knödel mit einem Schaumlöffel aus dem Wasser heben, in den Bröseln wälzen und sofort servieren. Wer es üppig mag, gießt heiße braune Butter darüber.

BEEREN

Eton Mess

Das wilde Durcheinander (*mess*) aus Erdbeeren, Baisers und Sahne ist ein englischer Sommerklassiker. Angeblich wurde es an der Privatschule Eton erfunden, als jemand die Dessertschüssel fallen ließ und den Inhalt heimlich wieder zusammenkratzte ...

Für 4 Personen

500 g Erdbeeren
250 ml Schlagsahne
1 EL Puderzucker
50 g Baisers

Die Erdbeeren waschen, je nach Größe halbieren oder vierteln und kalt stellen. Die Sahne steif schlagen, zum Schluss den Puderzucker einrühren. Die Baisers in kleine Stücke brechen, unter die Sahne ziehen und zuletzt vorsichtig die Erdbeeren unterheben. Auf Schälchen verteilen und sofort servieren.

Träubleskuchen

Auf Schwäbisch nennt man Johannisbeeren »Träuble« – sie sind die Hauptzutat für diesen leichten, erfrischend säuerlichen Kuchen.

Für 6–8 Personen

Für den Teig: 300 g Mehl
                  150 g Butter
                  150 g Zucker
                  2 Eigelb
                  1 TL Backpulver
                  1 Prise Salz

Für den Belag: 500 g rote Johannisbeeren
                  4 Eiweiß
                  200 g Zucker
                  150 g gemahlene Haselnüsse

Alle Teigzutaten zu einem festen Mürbeteig verkneten. Zu einer Kugel formen und abgedeckt etwa eine Stunde kalt stellen. Den Backofen auf 160 °C vorheizen, die Johannisbeeren von den Stielen streifen.

Den Teig zu einem Kreis ausrollen und so in eine gebutterte Springform legen, dass ein ca. 4 Zentimeter hoher Rand entsteht. Die Eiweiße zu Eischnee schlagen; wenn die Masse fast fest ist, den Zucker einrieseln lassen und unterrühren. Johannisbeeren und Haselnüsse vorsichtig unter den Eischnee heben und die Masse auf dem Teigboden verteilen.

Bei 160 °C 50 bis 60 Minuten auf der untersten Schiene backen, bis die Kruste goldbraun ist.

BIRNEN

Birnen, Bohnen & Speck

Für diesen deftigen Herbstauflauf aus Norddeutschland sollte man feste Kochbirnen verwenden – weichere Früchte zerfallen im Topf zu Birnenmus.

Für 4 Personen

1 Zwiebel
4 Scheiben Räucherspeck, ca. 1 cm dick
10 g Butter
1 Liter Gemüse- oder Fleischbrühe
500 g Kartoffeln
500 g grüne Bohnen
4 harte Birnen

Die Zwiebel würfeln und mit den Speckscheiben in etwas Butter in einem großen Topf andünsten, bis beides glasig ist. Mit der Brühe übergießen und mit Deckel 20 Minuten köcheln lassen.

Die Kartoffeln schälen, in mundgerechte Stücke schneiden und in den Topf geben, etwa 5 Minuten später die geputzten und in kurze Stücke geschnittenen Bohnen. Alles noch etwa 10 Minuten köcheln lassen. Die Birnen längs vierteln, entkernen, auf das Gemüse im Topf legen und einen Deckel aufsetzen.

Sobald die Birnen weich sind, den Eintopf auf vier tiefe Teller verteilen und servieren. In Norddeutschland reicht man Senf dazu.

KIRSCHEN

Clafoutis

Halb Kuchen, halb Auflauf – dieses französische Kirschdessert stammt aus dem Limousin und wird lauwarm serviert.

Für 4–6 Personen

750 g reife Süßkirschen
4 Eier
125 g Zucker
1 Päckchen Vanillezucker
2 Prisen Salz
100 g Mehl
½ Päckchen Backpulver
25 g Butter
25 ml Milch

Den Backofen auf 180 °C vorheizen. Die Kirschen waschen und entstielen (wenn gewünscht auch entsteinen – in der klassischen Version werden sie mit Stein verwendet). In einer Schüssel Eier, Zucker, Vanillezucker und Salz cremig schlagen. Erst Mehl und Backpulver unterrühren, dann nach und nach die zerlassene Butter und die Milch. Die Kirschen in einer gebutterten Backform verteilen und mit der Masse übergießen. Bei 180 °C etwa 45 Minuten backen. Lauwarm servieren, mit Puderzucker bestreut.

Kirschsuppe mit Klüten

Im Alten Land bei Hamburg wurde diese erfrischende Sommersuppe traditionell aus »Bittern Blanken« gekocht – diese alte Kirschsorte liefert einen besonders aromatischen Marzipangeschmack.

Für 4 Personen

Für die Suppe: 500 g entsteinte Kirschen
1 l Wasser
50 g Zucker

	1 Stange Zimt
	50 g Sago (weiße Stärkeperlen)
Für die Klößchen:	250 ml Milch
	50 g Hartweizengrieß
	1 EL Zucker

Alle Zutaten für die Suppe zum Kochen bringen, 20 Minuten köcheln lassen, den Zimt herausfischen und abkühlen lassen. Für die Klößchen die Milch aufkochen, Grieß und Zucker zugeben und unter Rühren zu festem Brei kochen.

Abkühlen lassen, mit einem Löffel Klößchen abstechen und in die Suppe geben. Gekühlt servieren.

PFLAUMEN

Augsburger Zwetschgendatschi

Ein klassischer Blechkuchen aus Bayern, der mit perfekt reifen Zwetschgen am allerbesten schmeckt.

Ergibt ein Blech, für ca. 8–10 Personen

1,5 Kilo Zwetschgen
400 g Mehl
30 g Hefe
125 ml Milch
100 g Butter
2 Eier
3 EL Zucker
1 Prise Salz

Für den Hefeteig das Mehl in eine Schüssel geben und eine Mulde in die Mitte drücken. Die Milch handwarm erhitzen. Die Hefe in die Mulde krümeln, drei Esslöffel der Milch sowie einen Esslöffel Zucker zugeben und mit ein wenig Mehl vom Rand zu einem Vorteig verrühren. An einem warmen Ort abgedeckt eine halbe Stunde gehen lassen.

Dann die restliche Milch und den übrigen Zucker, Butter, Eier und Salz zugeben und zu einem glatten Teig verarbeiten. Abgedeckt weitere 15 Minuten gehen lassen.

Den Backofen auf 180 °C vorheizen. Die Zwetschgen halbieren und entsteinen. Den Teig auf einem gebutterten Backblech ausrollen und die Zwetschgenhälften mit der Hautseite nach unten dicht an dicht wie Dachziegel darauf auslegen; dabei leicht festdrücken. Wer es süß mag, gibt eine dünne Schicht Zucker darüber. Im vorgeheizten Ofen bei 180 °C 30 bis 40 Minuten backen.

Schmeckt lauwarm oder kalt, am besten mit Schlagsahne.

Pflaumenmus

»Powidl« nennt man Pflaumenmus auf Österreichisch – das klingt genauso hübsch wie die Buchteln, Kolatschen, Powesen und andere Mehlspeisen, die in Österreich mit Powidl gefüllt werden. Dieses uralte Gericht wird einfach durch sehr langes Einkochen der Früchte hergestellt, ähnlich wie rheinisches Apfelkraut oder Schweizer Birnenhonig.

Für 6–8 Gläser

3 kg reife blaue Pflaumen (Zwetschgen)
500 g weißer oder brauner Zucker
1 TL Zimt

Die Pflaumen halbieren, entsteinen und in eine große backofenfeste Form legen. Mit Zucker und Zimt bestreuen, wenden und über Nacht abgedeckt ziehen lassen. Am nächsten Tag den Backofen auf 180 °C vorheizen und die Pflaumen hineinschieben. Zwei bis drei Stunden köcheln lassen, bis ein dickes Mus entstanden ist, dabei hin und wieder umrühren. Zum Schluss nach Wunsch noch einmal mit dem Pürierstab zerkleinern und in sterilisierte Gläser abfüllen. Das Pflaumenmus lässt sich auch auf dem Herd zubereiten: Auf kleiner Flamme zwei bis drei Stunden köcheln lassen und dabei immer wieder umrühren.

QUITTEN

Spanisches Quittenkonfekt

Dulce de membrillo heißt diese Spezialität in Spanien: ein süßsaures, sattrotes Gelee, das in Würfel geschnitten und mit Käse wie Tetilla oder Queso de Burgos zum Nachtisch serviert wird.

1,5 kg Quitten
ca. 1 kg Zucker
Saft von 1 Zitrone

Die Quitten waschen, längs vierteln, die Viertel quer halbieren und die Kernhäuser herausschneiden. Mit wenig Wasser auf kleiner Flamme 30 bis 45 Minuten unter Rühren köcheln lassen, bis die Stücke weich sind. Herausheben und die Schale abziehen oder die Quitten durch eine Flotte Lotte passieren. Das Fruchtfleisch wiegen und mit der gleichen Menge Zucker wieder in den Topf geben. Bei mittlerer Temperatur mindestens anderthalb Stunden köcheln lassen und dabei ständig mit einem Holzlöffel umrühren – so lange, bis die Masse sattrot anläuft und der Löffel aufrecht darin stehen bleibt. Zum Schluss nach Geschmack Zitronensaft unterrühren.

Ein Backblech mit Backpapier belegen, die Masse darauf verstreichen und über Nacht trocknen lassen. Falls sie noch klebrig ist, im Backofen bei 50 °C Umluft und angelehnter Ofentür trocknen lassen. In Vierecke schneiden und mit Käsewürfeln als Nachtisch oder zum Aperitif servieren.

In luftdichten Dosen hält sich das Quittenkonfekt monatelang.

Anhang

Früchte auf Papier – zur Geschichte der Pomologie

Pomona – die römische Göttin der Früchte, dargestellt zumeist mit einem Füllhorn als Symbol des Überflusses und Glücks, ist die Namenspatronin der Pomologie. Die Lehre von den Obstsorten begann sich in der zweiten Hälfte des 18. Jahrhunderts als Spezialdisziplin zwischen Botanik und Gartenbau herauszubilden. Mit seiner 1758 in den Niederlanden erschienenen *Pomologia* gilt der Gärtner Johann Knoop (1706–1769) als ihr Begründer. Neu an seinen Beschreibungen war die Menge der von ihm abgehandelten 126 Apfel- und 84 Birnensorten und seine nach Form, Farbe, Geschmack und Genussreife geordneten sortenspezifischen Informationen. Ausgehend von seinen gärtnerischen Erfahrungen wollte er damit Anregungen für die erfolgreiche Kultivierung geben. Zudem ließ Knoop die Früchte auf zwanzig großformatigen Tafeln in natürlicher Größe farbig abbilden, sodass die Lektüre dieses reich illustrierten Werks auch ein sinnliches Erlebnis ist.

Die Pomologie wird zur wissenschaftlichen Grundlage für die Sortenkenntnis im praktischen Gartenbau, indem sie auf eine möglichst umfassende, vergleichende Darstellung bereits bekannter und neu gefundener Sorten zielt. Dabei machte die Entdeckung einer Vielzahl von neuen Obstsorten die Anwendung einheitlicher Beschreibungsverfahren notwendig. Die theoretische Grundlage dafür hatte der Botaniker Carl von Linné in der Mitte des 18. Jahrhunderts mit seinem Klassifikationssystem der Pflanzen gelegt. Ihren papiernen Ausdruck fand die praktische wie gelehrte Beschäftigung mit dem Obstanbau in einer Vielzahl von pomologischen Handbüchern, Tafelbänden und Zeitschriften. Von deren prachtvoller Bildgeschichte zeugen die Beispiele aus diesem Band.

Dabei konnten die Pomologen auf naturhistorische Abhandlungen zurückgreifen, die spätestens seit der Renaissance Ausführungen zu einzelnen Obstsorten enthielten, wie zum Beispiel in den Werken von Pietro Mattioli (in der Ausgabe von Joachim Camerarius) oder Ulisse Aldrovandi, den regionalen Beschreibungen von Johannes Bauhinus, in den Anleitungen zum praktischen Obstanbau von Jean-Baptiste de la Quintinie oder im Obstkatalog des Pariser Kartäuserklosters. Gerade in Frankreich lässt sich eine gezielte wirtschaftliche Förderung des Obstanbaus ab dem 17. Jahrhundert nachweisen. Zehn Jahre nach der niederländischen *Pomologia* erschien unter dem Titel *Traité des arbres fruitiers* ein noch erfolgreicheres zweibändiges Werk, das neben Äpfeln und Birnen auch Beschreibungen anderer einheimischer Obstsorten wie Beeren, Trauben und Nüssen enthielt und damit die Sortenkenntnis wesentlich erweiterte. Auf insgesamt 180 Kupfertafeln wurden nun nicht allein die Früchte, sondern auch die dazugehörigen Blüten, Blätter und Zweige dargestellt. Sein Autor, der Gutsbesitzer und Privatgelehrte Henri Duhamel du Monceau (1700–1782), verband wirtschaftliches Interesse am Gartenbau mit wissenschaftlichen Neigungen. Bereits wenige Jahre später kam in Nürnberg eine überarbeitete deutsche Ausgabe in drei Bänden (1775–1783) unter dem Titel *Des Herrn Du Hamel du Monceau Abhandlung von den Obstbäumen* heraus.

Auch die deutschsprachigen Pomologen legten bei der Beschäftigung mit dem Obstanbau den Schwerpunkt auf die geordnete Zusammenstellung heimischer und als besonders nützlich erachteter Sorten. Zu nennen sind beispielsweise der Thüringer Obstpfarrer Johann Sickler (1742–1820) und der hessische Arzt Adrian Diel (1756–1839). Sickler ist vor allem deshalb in die Geschichte der Pomologie eingegangen, weil er gemeinsam mit dem Weimarer Verleger Friedrich Justin Bertuch zwei sehr bemerkenswerte Publikationsprojekte verwirklichte, die zur weiten Verbreitung des Obstwissens an der Wende zum 19. Jahrhundert beitrugen: die Herausgabe der ersten pomologischen Zeitschrift *Der Teutsche Obstgärtner* (1794–1804) und die Lieferung eines Obstkabinetts aus knapp 300 naturgetreuen Wachsmodellen, die er von 1795 bis 1822 in mehreren Serien vertrieb und deren Reste noch heute in naturkundlichen Sammlungen von Museen und Gartenbauschulen bestaunt werden können. Zeitgleich publizierte Diel unter dem Titel *Versuch einer systematischen Beschreibung in Deutschland vorhandener Kernobstsorten* von 1799 bis 1832 einen 27 Bände umfassenden Gesamtüberblick über mehr als tausend Apfel- und Birnensorten und entwickelte dafür eine eigene Systematik. Als Doktor der Medizin verfügte er über fundierte naturwissenschaftliche Kenntnisse, die er in Kombination mit praktischem Züchtungswissen schließlich nutzbringend für den Obstanbau einsetzte. Seine *Systematische Beschreibung der Kernobstsorten* wurde im Verlauf des 19. Jahrhunderts zum maßgeblichen Referenzwerk für die deutschsprachige Pomologie.

In vielen pomologischen Handbüchern des 19. Jahrhunderts wurde das System von Diel fortgeführt. Zu nennen sind unter anderem das von 1859 bis 1875 von Johann Oberdieck (1794–1880) und Eduard Lucas (1816–1882) herausgegebene *Illustrirte Handbuch der Obstkunde*, die *Deutsche Pomologie* aus dem Jahr 1882 von Wilhelm Lauche (1827–1883), die *Pomologie des praktischen Obstbaumzüchters* 1894 von Nicolas Gaucher (1846–1911) und *Die wichtigsten deutschen Kernobstsorten*, ein 1894 von der Deutschen Landwirtschaftsgesellschaft herausgegebener Band mit zahlreichen Sortenbeschreibungen. Wesentlich für die Konsolidierung der Pomologie als Wissenschaftsdisziplin in der zweiten Hälfte des 19. Jahrhunderts waren die großen Sortenschauen in landesweiten Gartenbauausstellungen sowie die Gründung von Vereinen wie der Deutsche Pomologen-Verein und Gärtnerlehranstalten wie das erste Pomologische Institut in Reutlingen.

In der pomologischen Publikationsgeschichte spielten Abbildungen eine unschätzbare Rolle für die Sortenkenntnis, weil sie die visuellen Eigenschaften von Blüten, Blättern und Früchten unmittelbar anschaulich machen. In dieser Tradition nimmt Pierre-Antoine Poiteau (1766–1854) mit seinen reich illustrierten Werken zur Pomologie einen besonderen Platz ein. Er war nicht nur Botaniker und Pomologe, sondern auch hervorragend ausgebildeter Zeichner und Illustrator. Als Schüler des berühmten Rosenmalers Pierre-Joseph Redouté (1759–1840) führte er wissenschaftliche Genauigkeit und künstlerisch anspruchsvolle Gestaltung zusammen. Seine Darstellungen zeigen modellhafte Idealbilder einer Pflanze und sollten dem Betrachter auch die Schönheit und Vollkommenheit der Natur anschaulich machen.

Der erweiterten Neuausgabe des *Traité des arbres fruitiers* von Duhamel du Monceau fügte Poiteau zahlreiche neu beschriebene Obstsorten hinzu und verbesserte ältere Beschreibungen, sodass im Jahre 1835 sechs Bände mit 422 Kupfertafeln erschienen waren. Die dafür völlig neu angefertigten Abbildungen sind in ihrer Genauigkeit und Kunstfertigkeit bis heute einmalig. Sie dokumentieren zudem, wie Blüten oder Blütenteile sowie die angeschnittene Frucht und der Kern als botanisches Bestimmungsmerkmal inzwischen für die Pomologie an Bedeutung gewonnen hatten.

Poiteau verwendete wie bereits Redouté beim Druck der Abbildungen eine Kombination aus zwei neu entwickelten Techniken: Die Punktstichmanier des Kupferstichs ermöglichte eine besonders zarte, feine Schattierungen und Konturen wiedergebende Darstellung. Die Kolorierung der Tafeln erfolgte im Einplattenfarbdruck, also durch die einmalige Nutzung der kolorierten Kupferplatte, die einem Gemälde gleich für jeden Druckvorgang neu eingefärbt werden musste. Jedes Blatt wurde anschließend von Hand nachgearbeitet. Dieses aufwendige Verfahren spiegelt sich in der Feinheit der Abbildungen, die wesentlich zum großen Erfolg des Werks beigetragen haben. Bereits 1846 wurde es von Poiteau unter dem Titel *Pomologie française* in einer vierbändigen Ausgabe neu herausgegeben.

Pomologische Literatur ist in den alten Katalogen der Staatsbibliothek zu Berlin – Preußischer Kulturbesitz reichlich vertreten. Leider wurde dieser Bestand durch die Auslagerung der Bücher und die Zerstörungen während des Zweiten Weltkriegs so stark dezimiert, dass von den ursprünglich zahlreichen Kostbarkeiten nur noch einzelne Exemplare vorhanden sind. Dazu zählt unter anderem der *Traité* von Poiteau, der zu den wertvollsten Stücken der historischen Sammlungen gehört und aus dem ein Großteil der hier gezeigten Abbildungen stammt.

Dr. Katrin Böhme
Abteilung Historische Drucke
Staatsbibliothek zu Berlin

Quellennachweis

8 Clemens Alexander Wimmer: *Geschichte und Verwendung alter Obstsorten*, Berlin 2003, S. 39 ff. | **9** Homer: *Odyssee*, Siebenter Gesang, übers. von Johann Heinrich Voß, München 1960, S. 78; Marie Luise Gothein: *Geschichte der Gartenkunst*, Jena 1926, S. 55 ff.; Plinius der Ältere: *Naturgeschichte*, Bd. 1, übers. von Johann Daniel Denso, Rostock/Greifswald 1764, S. 602 ff. | **10** C. F. W. Wallroth: *Geschichte des Obstes der Alten*, Halle 1812, S. 95 f.; R. Johanna Regnath/Karl Schmuki: »Gartenbau im Spiegel karolingischer Quellen«, in: Werner Konold/R. Johanna Regnath (Hg.): *Gezähmte Natur*, Ostfildern 2017, S. 49 ff.; Jacob Grimm: *Deutsche Rechtsaltertümer*, Bd. 2, Leipzig 1899, S. 40 | **11** Churfürst August zu Sachsen: *Künstlich Obstgarten Büchlein*, Berlin 1619, S. 41 und 66; Wimmer: *Geschichte und Verwendung alter Obstsorten*, 2003, S. 18 ff. | **12** Marina Heilmeyer (Hg.): *Äpfel fürs Volk. Potsdamer pomologische Geschichten*, Potsdam 2002, S. 32 ff.; Günther Liebster: »Der deutsche Obstbau seit dem 18. Jahrhundert«, in: Günther Franz (Hg.): *Geschichte des deutschen Gartenbaues*, Stuttgart 1984, S. 148; Lorenz von Pansner: *Versuch einer Monographie der Stachelbeeren*, Jena 1852; Heilmeyer (Hg.): *Äpfel fürs Volk*, 2002, S. 67 f.; Wimmer: *Geschichte und Verwendung alter Obstsorten*, 2003, S. 27 ff.; Clemens Alexander Wimmer: *Geschichte der Gartenkultur*, Berlin 2015, S. 187 ff.; Johann Sickler: *Der Teutsche Obstgärtner*, Bd. 14, Weimar 1800, S. 355 ff. | **13** Eduard Lucas: *Einleitung in das Studium der Pomologie*, Stuttgart 1877, S. 121 ff. und 143 ff.; Eduard Lucas: *Die Lehre vom Baumschnitt*, Stuttgart 1878, S. 145 ff. | **14** Kurt Ritter: *Agrarpolitische Aufsätze und Vorträge*, H. 1–17, Berlin 1928, S. 98; Liebster: »Der deutsche Obstbau seit dem 18. Jahrhundert«, in: Franz (Hg.): *Geschichte des deutschen Gartenbaues*, 1984, S. 158; »›Pink Lady‹: Keine Sorte, sondern eine Marke«, in: *Mitteldeutsche Zeitung*, 24.10.2019; Friedrich Weller/Markus Zehnder: *Streuobstbau: Obstwiesen erleben und erhalten*, 3. Aufl., Stuttgart 2016, S. 59 ff.; Walter Hartmann: *Alte Obstsorten*, 6. Aufl., Stuttgart 2019, S. 18 ff.; Rupprecht Lucke u. a.: *Obstbäume in der Landschaft*, Stuttgart 1992, S. 13 ff. | **16** Lucas: *Einleitung in das Studium der Pomologie*, 1877, S. 121 ff. | **19** Hartmann: *Alte Obstsorten*, 2019, S. 47; Theodor Engelbrecht: *Deutschlands Apfelsorten*, Braunschweig 1889, S. 475 | **21** Adrian Diel: *Versuch einer systematischen Beschreibung in Deutschland vorhandener Kernobstsorten*, Bd. 14: *Äpfel*, H. 9, Frankfurt 1807, S. 12; Plinius: *Naturgeschichte*, Bd. 1, 1764, S. 605; Pierre-Antoine Poiteau/Pierre Turpin: *Traité des arbres fruitiers par Duhamel du Monceau*, Bd. 5, Paris/Straßburg 1835, Pommier Nr. 24: »Cœur de bœuf« | **22** Raymond Blanc: *The Lost Orchard*, London 2019, S. 43 | **23** www.nationaltrust.org.uk/woolsthorpe-manor; Voltaire: *Elemente der Philosophie Newtons*, übers. von Christa Poser, Berlin/New York 1997, S. 178 f.; Alberto A. Martinez: »Newton's Apple and the Tree of Knowledge«, in: ders., *Science Secrets*, Pittsburgh 2011, S. 47–69 | **25** Poiteau/Turpin: *Traité des arbres fruitiers*, Bd. 5, 1835, Pommier Nr. 48: »Pomme Joséphine«; »Obsttafel Nr. 132: Gloria mundi«, in: *Nach der Arbeit*, Gartenzeitschrift 1935–1956, zit. n. www.obstsortendatenbank.de/osdb/nda/gloria_mundi_nda.pdf; André Leroy: *Dictionnaire de pomologie*, Bd. 3, Paris 1873, S. 408 | **27** Blanc: *The Lost Orchard*, 2019, S. 105; Theodor Zschokke: *Schweizerisches Obstbilderwerk*, Wädenswil 1925, Nr. 020; www.adamapples.blogspot.com/2011/11/reine-reinettes-king-pippinsapple.html; Gustav Pfau-Schellenberg: *100 alte Apfel- & Birnensorten*, Reprint, Bern 2017, S. 134; Wilhelm Lauche: *Deutsche Pomologie: Äpfel,* Bd. 1, Berlin 1882, Kap. 21 | **29** Louis Dubois: *Histoire de l'abbaye de Morimond*, 2. Aufl., Dijon / Paris 1852, S. 236; Jean-Baptiste de La Quintinie: *Instruction pour les jardins fruitiers et potagers*, Bd. 1, Paris 1690, S. 318 f.; Poiteau / Turpin: *Traité des arbres fruitiers*, Bd. 5, 1835, Pommier Nr. 36: »Reinette grise« | **31** A. D. Livoni: »Über den Gravensteiner Apfel«, 1890, abgedruckt in: *Nordschleswigsche Zeitung*, 22.–24. Februar 1933; www.bund-lemgo.de/download/Geschichte_Gravensteiner_00.jpg; Ohne Autor: *Unsere besten Deutschen Obstsorten*, Bd. 1, 6. Aufl., Wiesbaden 1929, Taf. 23; Leroy: *Dictionnaire de pomologie*, Bd. 3, 1873, S. 339 | **33** Eckardt Brandt: *Die alten Sorten,* Hamburg 2019, S. 47 ff.; Eckardt Brandt: *Alte Apfelsorten neu entdeckt*, München 2019, S. 23 | **35** Leroy: *Dictionnaire de pomologie*, Bd. 4, 1873, S. 846 | **37** Plinius: *Naturgeschichte*, Bd. 1, Rostock / Greifswald 1764, S. 605; Eduard Lucas / Johann Oberdieck: *Illustrirtes Handbuch der Obstkunde*, Bd. 1, Stuttgart 1875, S. 558; Joachim Camerarius / Pietro Mattioli: *Kreuterbuch*, Frankfurt 1626, S. 81 | **39** La Quintinie: *Instruction pour les jardins fruitiers et potagers*, Bd. 1, 1690, S. 391; Johannes Bauhinus: *Historia Plantarum Universalis*, Bd. 1, Ebrodunum (Yverdon) 1650, S. 21; Lucas/Oberdieck: *Illustrirtes Handbuch der Obstkunde*, Bd. 1, 1875, S. 167 | **40** Johannes Maurer / Bernd Kajtna / Andrea Heistinger / Arche Noah: *Handbuch Bio-Obst*, Innsbruck 2016, S. 160 ff.; Churfürst August zu Sachsen: *Künstlich Obstgarten Büchlein*, 1619, S. 5 | **41** Julia Voss: »Vorwort«, in: Korbinian Aigner, *Äpfel und Birnen. Das Gesamtwerk*, Berlin 2013, S. 5 ff. | **43** Lucas / Oberdieck: *Illustrirtes Handbuch der Obstkunde*, Bd. 8, 1875, S. 257; Gustav Schaal: *Obstsorten*, Bd. 1: *Äpfel und Birnen*, Nachdruck der Ausgabe von 1930–1933, Recklinghausen 1996, S. 122; Ohne Autor: *Unsere besten Deutschen Obstsorten*, Bd. 1, Wiesbaden 1929, Taf. 38 | **45** Schaal: *Obstsorten*, Bd. 1: *Äpfel und Birnen*, 1996, S. 31 | **47** Zschokke: *Schweizerisches Obstbilderwerk*, 1925, Nr. 045 | **48** Adrian Diel: *Versuch einer systematischen Beschreibung in Deutschland vorhandener Kernobstsorten*, Bd. 11: *Birnen*, H. 4, Frankfurt 1805, S. 161 | **49** Lucas / Oberdieck: *Illustrirtes Handbuch der Obstkunde*, Bd. 8, 1875, S. 89 f.; Ralph Lorenz: »BUND Lemgo und Hameln deckt einen pomologischen Krimi in der Rattenfängerstadt auf«, in: *Weserbergland Nachrichten*, 3.12.2011 | **51** Bauhinus: *Historia Plantarum Universalis*, Bd. 1, Ebrodunum (Yverdon) 1650, S. 10; Friedrich Jakob Dochnahl: *Der sichere Führer in der Obstkunde*, Bd. 1, Nürnberg 1855, S. 285; Poiteau / Turpin: *Traité des arbres fruitiers*, Bd. 5, 1835, Pommier Nr. 6: »Api étoilé«; Johann-Heinrich Rolff: *Der Apfel – Sortennamen und Synonyme*, ohne Ort 2001, S. 403 | **53** Ohne Autor: *Unsere besten Deutschen Obstsorten*, Bd. 1, Wiesbaden 1929, Taf. 41 | **55** Johann Mayer: *Pomona franconica*, Bd. 3, Nürnberg 1801, S. 79; Johann Knoop: *Pomologia*, Bd. 1, übers. von Georg Huth, Nürnberg 1760, S. 27; Ohne Autor: *Unsere besten Deutschen Obstsorten*, Bd. 1, Wiesbaden 1929, Taf. 50; La Quintinie: *Instruction pour les jardins fruitiers et potagers*, Bd. 1, 1690, S. 319; Friedrich Salzmann: *Pomologia*, Potsdam 1774, S. 64; Theodor Rümpler: *Illustrierte Gemüse- und Obstgärtnerei*, Berlin 1879, S. 422; Hans-Jürgen Franzen: »Weißer Winterkalvill, ein ›Kultapfel‹«, in: *Obst & Garten*, 1 (2016), S. 108 f.; Nicolas Gaucher (Hg.): *Pomologie des praktischen Obstbaumzüchters*, Nachdruck der Ausgabe von 1894, Recklinghausen 1997, Kap. 24; Mayer: *Pomona franconica*, Bd. 3, 1801, S. 77 | **58** Hieronymus Bock: *Kräuterbuch*, Straßburg 1560, S. 379; Wimmer: *Geschichte und Verwendung alter Obstsorten*, 2003, S. 61 ff. | **61** Lauche: *Deutsche Pomologie: Aprikosen, Pfirsiche, Wein*, 1882, Kap. 1; Lucas: *Die Lehre vom Baumschnitt*, 1878, S. 166 ff.; Poiteau / Turpin: *Traité des arbres fruitiers*, Bd. 1, 1835, Abricotier Nr. 8: »Abricot-pêche« | **63** Dochnahl: *Der sichere Führer in der Obstkunde*, Bd. 3, 1858, S. 193; Christian Dübner: *Der Rote Weinbergpfirsich der Terrassenmosel*, Diplomarbeit Trier 2006, S. 36 ff.; Heidi Lorey: »Pfirsichblüte an der Mosel«, in: *Landlust*, März / April (2009), S. 120 ff. | **65** Jean Merlet: *L'abrégé des bons fruits*, Paris 1675, S. 36; Henri Duhamel du Monceau: *Traité des arbres fruitiers*, Bd. 2, Paris 1768, S. 35; Leroy: *Dictionnaire de pomologie*, Bd. 6, 1879, S. 289; Gottlieb Wilhelm: *Unterhaltungen aus dem Pflanzenreiche*, Bd. 4, Wien 1815, S. 681 f. | **71** Dochnahl: *Der sichere Führer in der Obstkunde*, Bd. 4, 1860, S. 187; Bernd Kajtna: *Führung* *durch die ARCHE NOAH Beerensammlung*, Schiltern 2006 | **73** Marina Heilmeyer (Hg.): *Erdbeeren für Prinzessinnen. Potsdamer pomologische Geschichten*, Potsdam 2009, S. 33 ff.; Franz Goeschke: *Das Buch der Erdbeeren*, Berlin 1874, S. 99 f.; Christa Hasselhorst: »Ein königliches Schlaraffenland«, in: *F.A.S.*, 27.8.2018; Poiteau / Turpin: *Traité des arbres fruitiers*, Bd. 3, 1835, Fraisier Nr. 16: »Capron royal« | **75** Poiteau / Turpin: *Traité des arbres fruitiers*, Bd. 3, 1835, Vorwort zu »Groseilles«; Pansner: *Versuch einer Monographie der Stachelbeeren*, 1852, S. 133 ff.; Dochnahl: *Der sichere Führer in der Obstkunde*, Bd. 4, 1860, S. 103 | **77** Dochnahl: *Der sichere Führer in der Obstkunde*, Bd. 4, 1860, S. 85 f.; Johann Ludwig Christ: *Handbuch über die Obstbaumzucht und Obstlehre*, Frankfurt 1794, S. 646; Poiteau / Turpin: *Traité des arbres fruitiers*, Bd. 3, 1835, Framboisier Nr. 2: »Framboisier à fruit blanc« | **80** René Dahuron: *Vollständiges Garten-Buch*, 6. Aufl., Weimar / Celle 1743, S. 677; Lucas: *Einleitung in das Studium der Pomologie*, 1877, S. 186 | **83** Alexandre Mathieu: »Die Blutbirne«, in: *Pomologische Monatshefte* 40 (1894), S. 157 f.; Leroy: *Dictionnaire de pomologie*, Bd. 2, 1869, S. 646 f.; Jan Jonston: *Historia Naturalis de Arboribus*, Frankfurt 1662, S. 35; Salzmann: *Pomologia*, 1774, S. 121; Poiteau / Turpin: *Traité des arbres fruitiers*, Bd. 4, 1835, Poirier Nr. 101: »Sanguinole« | **85** Lucas / Oberdieck: *Illustrirtes Handbuch der Obstkunde*, Bd. 7, 1875, S. 383 f.; Joan Morgan: *The Book of Pears*, White River Junction / London 2015, S. 203 | **87** Nigel Slater: *Tender – Obst*, Köln 2013, S. 122; Franz Jahn / Eduard Lucas / Johann Oberdieck: *Illustrirtes Handbuch der Obstkunde*, Bd. 2, Stuttgart 1860, S. 157 | **89** Jahn / Lucas / Oberdieck: *Illustrirtes Handbuch der Obstkunde*, Bd. 2, 1860, S. 208; Pierre-Antoine Poiteau: *Pomologie française*, Bd. 3, Paris 1846, Poirier Nr. 44: »Épargne«; Ohne Autor: *Unsere besten Deutschen Obstsorten*, Bd. 2, 5. Aufl., Wiesbaden 1929, Taf. 2 | **91** La Quintinie: *Instruction pour les jardins fruitiers et potagers*, Bd. 1, 1690, S. 385; Wimmer: *Geschichte und Verwendung alter Obstsorten*, 2003, S. 44; Poiteau / Turpin: *Traité des arbres fruitiers*, Bd. 4, 1835, Poirier Nr. 34: »Catillac«; Mayer: *Pomona franconica*, Bd. 3, 1801, S. 315; Johann Knoop: *Pomologia*, Bd. 2, Nürnberg 1766, Taf. IX, S. 39 | **92** Plinius: *Naturgeschichte*, Bd. 1, 1764, S. 605 ff. | **93** C. Mathieu: »Die gestreiften Birnen«, in: *Der praktische Ratgeber im Obst- und Gartenbau*, Jg. 8 (1893), S. 422; Leroy: *Dictionnaire de pomologie*, Bd. 1, 1867, S. 484 | **95** Marina Heilmeyer (Hg.): *Beste Birnen bei Hofe. Potsdamer pomologische Geschichten*, Potsdam 2004, S. 42; Plinius: *Naturgeschichte*, Bd. 1, 1764, S. 606; Loriot: »Loriots Großer Ratgeber«, in: ders.: *Das große Loriot Buch*, Zürich 1998, S. 62 | **96** Theodor Fontane: »Herr von Ribbeck auf Ribbeck im Havelland«, in: ders.: *Gesammelte Werke*, Bd. 1, Berlin / Darmstadt 1958, S. 98; Holger Kreitling: »Birnen satt in Ribbeck im Havelland«, in: *Die Welt*, 5.7.2009; Beatrice George: »Die Suche nach Ribbecks ›wahrer‹ Birne«, in: *Tagesspiegel / Potsdamer Neueste Nachrichten*, 12.5.2009 | **97** Ludwig Bechstein: »Die Melanchthons-Birnen«, in: ders.: *Deutsches Sagenbuch*, Leipzig 1853, S. 512 f.; Torsten Reiprich: »Die Melanchthonbirne zu Pegau«, einsehbar unter www.ahnu-bad-schoenborn.de/docs/2010/Die_Melanchthonbirne_zu_Pegau.pdf | **99** Merlet: *L'abrégé des bons fruits*, 1675, S. 93; La Quintinie: *Instruction pour les jardins fruitiers et potagers*, Bd. 1, 1690, S. 236; Sickler: *Der Teutsche Obstgärtner*, Bd. 7, 1797, S. 16 ff.; C. Mathieu: »Die gestreiften Birnen«, in: *Der praktische Ratgeber im Obst- und Gartenbau* 8 (1893), S. 420 | **101** Eduard Mörike: »Das Stuttgarter Hutzelmännlein«, in: ders.: *Werke I*, Stuttgart 1961, S. 776 ff.; Slow Food e.V.: *Arche des Geschmacks: Hutzeln von den Baumfeldern in Fatschenbrunn*, einsehbar unter www.slowfood.de | **103** *Alte Sorten – Kraut & Rüben Spezial* 4 (2017), S. 45; Charles Hovey: *The Fruits of America*, Bd. 2, Boston 1856, S. 11; Jahn / Lucas / Oberdieck: *Illustrirtes Handbuch der Obstkunde*, Bd. 2, 1860, S. 406 | **105** Poiteau: *Pomologie française*, Bd. 3, 1846, Poirier Nr. 28: »Bon-chrétien d'hiver«; La Quintinie: *Instruction pour les jardins fruitiers et potagers*, 1690, S. 239 und 283; Christ: *Handbuch über die Obstbaumzucht und Obstlehre*, 1794, S. 452; Jahn / Lucas / Oberdieck: *Illustrirtes Handbuch der Obstkunde*, Bd. 5, 1866, S. 148 | **107** Lucas: *Einleitung in das Studium der Pomologie*, 1877, S. 156 f.; Sickler: *Der Teutsche Obstgärtner*, Bd. 6, 1796, S. 32; Ohne Autor: *Unsere besten Deutschen Obstsorten*, Bd. 2, Wiesbaden 1929, Taf. 2; Johann Christ: *Pomologie*, Frankfurt 1809, S. 454 | **110** Annette Braun-Lüllemann / Hans-

Joachim Bannier: *Obstsortenwerk. Alte Süßkirschensorten*, Bonn 2010; Hans-Joachim Bannier: »Verkehrte Kirschenwelt«, in: *Jahresheft Pomologen-Verein*, 2011, S. 4 ff. | **113** Christian Truchseß von Wetzhausen: *Systematische Classification und Beschreibung der Kirschensorten*, Stuttgart 1819, S. 182 ff. | **115** Dochnahl: *Der sichere Führer in der Obstkunde*, Bd. 3, 1858, S. 41; Truchseß von Wetzhausen: *Systematische Classification und Beschreibung der Kirschensorten*, 1819, S. 295 ff. | **116** Marina Heilmeyer (Hg.): *Kirschen für den König. Potsdamer pomologische Geschichten*, Potsdam 2001, S. 45 ff. und 62 ff. | **117** Heilmeyer (Hg.): *Kirschen für den König*, 2001, S. 46 ff.; Salzmann: *Pomologia*, 1774, S. 47 | **119** *Obst & Garten* 103 (1984), S. 345; Jutta Limbach: *Eingewanderte Wörter*, München 2008, S. 82; Jacob und Wilhelm Grimm: *Deutsches Wörterbuch*, Bd. 12, Leipzig 1885, Eintrag »Morelle«; Leroy: *Dictionnaire de pomologie*, Bd. 5, 1877, S. 300; Lauche: *Deutsche Pomologie: Kirschen, Pflaumen*, 1882, Kap. 22; Bock: *Kräuterbuch*, 1560, S. 378 | **122** Wimmer: *Geschichte und Verwendung alter Obstsorten*, 2003, S. 51 ff. | **125** Dominique Bonnet: »Sa femme Claude n'a pas compté pour des prunes«, in: *Paris Match*, 12.9.2015; Pierre Legrand d'Aussy: *Histoire de la vie privée des Français*, Paris 1782, S. 218; Poiteau/Turpin: *Traité des arbres fruitiers*, Bd. 2, 1835, Prunier Nr. 21: »Reine-Claude«; Georg Liegel: *Vollständige Übersicht aller von dem Verfasser kultivirten und in verschiedenen Werken beschriebenen Pflaumen*, Regensburg 1861, S. 45; Slater: *Tender – Obst*, 2013, S. 408 | **126** Heinrich Werneck: *Die wurzel- und kernechten Stammformen der Pflaumen in Oberösterreich*, Linz 1961; Udelgard Körber-Grohne: *Pflaumen, Kirschpflaumen, Schlehen*, Stuttgart 1996; Arche Noah e. V. (Hg.): *Fachtagung – Erforschung und Erhaltung der Pflaumenvielfalt*, Schiltern 2017; Walter Hartmann: »Primitivpflaumen und Landrassen«, in: *Obst & Garten* 8 (2011), S. 294–297 | **127** Hartmann: *Alte Obstsorten*, 2019, S. 322; Ohne Autor: »Dem echten Gubener Spilling auf der Spur«, in: *Lausitzer Rundschau online*, 27.7.2006 | **129** Dochnahl: *Der sichere Führer in der Obstkunde*, Bd. 3, 1858, S. 85 f.; Lucas/Oberdieck: *Illustrirtes Handbuch der Obstkunde*, Bd. 3, 1875, S. 243; Fructus e. V. (Hg.): *Schweizer Obstsorte des Jahres 2018: Die Hauszwetschge*, Wädenswil 2018 | **131** Blanc: *The Lost Orchard*, 2019, S. 170; Alan Davidson: *The Oxford Companion to Food*, Oxford 2014, S. 632; Slater: *Tender – Obst*, 2013, S. 407 | **133** François de Villeneuve: *Histoire de René d'Anjou*, Bd. 2, Paris 1825, S. 243 ff.; Catherine Gigleux-Spitz: *La mirabelle*, Paris 1996, S. 12 ff. | **136** Poiteau/Turpin: *Traité des arbres fruitiers*, Bd. 1–6, 1835 | **139** La Quintinie: *Instruction pour les jardins fruitiers et potagers*, 1690, S. 413; Marina Heilmeyer (Hg.): *Feigen für Fürsten. Potsdamer pomologische Geschichten*, Potsdam 2013, S. 25 ff. | **141** Mayer: *Pomona franconica*, Bd. 2, 1779, S. 42 f.; Slater: *Tender – Obst*, 2013, S. 578; Bock: *Kräuterbuch*, 1560, S. 374 | **143** Mayer: *Pomona franconica*, Bd. 1, 1779, S. 56; Philipp Eisenbarth: *Süßmandel »Dürkheimer Krachmandel« – Pfälzer Obstbaum des Jahres 2013*, Bad Dürkheim 2013; Hans Gerlach: »Unreife Leistung«, in: *Süddeutsche Zeitung Magazin*, 25.3.2016 | **145** Poiteau/Turpin: *Traité des arbres fruitiers*, Bd. 6, 1835, Coignassier, Vorwort und Nr. 4: »Coing de Portugal«; Plinius: *Naturgeschichte*, Bd. 1, 1764, S. 619; Bock: *Kräuterbuch*, 1560, S. 820 | **147** Poiteau/Turpin: *Traité des arbres fruitiers*, Bd. 3, 1835, Mûrier, Vorwort und Nr. 1: »Mûrier noir«; Ovid: *Metamorphosen*, übers. von Erich Rösch, München 1964, S. 131; Duhamel du Monceau: *Traité des arbres fruitiers*, Bd. 2, 1768, S. 264 | **149** Félix-Édouard Guérin: *Dictionnaire pittoresque d'histoire naturelle*, Bd. 6, Paris 1838, S. 104; Poiteau/Turpin: *Traité des arbres fruitiers*, Bd. 6, 1835, Noyer Nr. 2: »Noix bijoux« | **170–173** Heilmeyer (Hg.): *Äpfel fürs Volk*, 2002; E. Lack/H.W. Lack: *Botanik und Gartenbau in Prachtwerken*, Ausst. Kat. Bundesgartenschau Berlin (16.–25.8.1985), Berlin 1985; Günther Franz (Hg.): *Geschichte des deutschen Gartenbaues*, Stuttgart 1984; Hans-Jürgen Lechtrek: *Die Äpfel der Hesperiden werden Wirtschaftsobst*, München/Berlin 2000; Silvio Martini: *Geschichte der Pomologie in Europa*, Bern 1988; Haus der Brandenburgisch-Preußischen Geschichte (Hg.): *Schön und Nützlich. Aus Brandenburgs Kloster-, Schloss- und Küchengärten*, Ausst. Kat. Potsdam (15.5.–15.8.2004), Leipzig 2004; Wimmer: *Geschichte der Gartenkultur*, Berlin 2015

Bildnachweis

Alle Abbildungen in diesem Band wurden von der Staatsbibliothek zu Berlin zur Verfügung gestellt.

Umschlagvorderseite Portugiesische Birnenquitte (Detail), aus: Pierre-Antoine Poiteau / Pierre Turpin: *Traité des arbres fruitiers par Duhamel du Monceau,* Bd. 6, Paris / Straßburg 1835 (2° Ow 33492), Coignassier Nr. 4: »Coing de Portugal«, Taf. II | **Umschlagrückseite** Roter Bellefleur (Detail), aus: Poiteau / Turpin: *Traité des arbres fruitiers,* Bd. 5, 1835, Pommier Nr. 31: »Belle-fleur«, Taf. XXX (oben); Hauszwetsche (Detail), aus: Poiteau / Turpin: *Traité des arbres fruitiers,* Bd. 2, 1835, Prunier Nr. 9: »Gros damas violet«, Taf. X (unten) | **5** Holländische Große Prinzessinkirsche (Detail), aus: Poiteau / Turpin: *Traité des arbres fruitiers,* Bd. 2, 1835, Cerisier Nr. 10: »Gros Bigarreau rouge«, Taf. LV **16 / 17** Roter Winterkalvill (Detail), aus: Poiteau / Turpin: *Traité des arbres fruitiers,* Bd. 5, 1835, Pommier Nr. 22: »Calville rouge«, Taf. XXI | **18** Ananasrenette, aus: Johannes Müller / Otto Bißmann: *Deutschlands Obstsorten,* Bd. 1, Stuttgart 1936 (4° Ow 33825), Äpfel, Nr. 27: »Ananas Renette« | **20** Blutapfel, aus: Poiteau / Turpin: *Traité des arbres fruitiers,* Bd. 5, 1835, Pommier Nr. 24: »Cœur de bœuf«, Taf. XXIII | **24** Gloria Mundi, aus: Poiteau / Turpin: *Traité des arbres fruitiers,* Bd. 5, 1835, Pommier Nr. 48: »Pomme Joséphine«, Taf. XLVIII | **26** Goldparmäne, aus: Nicolas Gaucher (Hg.): *Pomologie des praktischen Obstbaumzüchters,* Stuttgart 1894 (50 MB 242), Teil I: Kernobstsorten, A: Aepfel, Nr. 25: »Winter Goldparmäne«, Taf. 10 | **28** Graue Renette, aus: Poiteau / Turpin: *Traité des arbres fruitiers,* Bd. 5, 1835, Pommier Nr. 36: »Reinette grise«, Taf. XXXV | **30** Gravensteiner, aus: Rudolph Goethe / Hermann Degenkolb / Reinhard Mertens (Hg.): *Aepfel und Birnen. Die wichtigsten deutschen Kernobstsorten,* Berlin 1894 (4° Ow 36913<a>), Taf. »Gravensteiner« | **34** Klarapfel, aus: Gaucher (Hg.): *Pomologie des praktischen Obstbaumzüchters,* 1894, Teil I: Kernobstsorten, A: Aepfel, Nr. 22: »Weisser Transparentapfel«, Taf. 103 | **36** Kleiner Api, aus: Poiteau / Turpin: *Traité des arbres fruitiers,* Bd. 5, 1835, Pommier Nr. 3: »Petit Api«, Taf. III | **38** Königlicher Kurzstiel, aus: Poiteau / Turpin: *Traité des arbres fruitiers,* Bd. 5, 1835, Pommier Nr. 11: »Court-pendu / Fenoillet rouge«, Taf. X | **42** Rote Sternrenette, aus: *Illustrirte Monatshefte für Obst- und Weinbau,* Ravensburg 1868 (Ow 33215<a>), S. 2: »Rothe Sternreinette« | **44** Roter Bellefleur, aus: Poiteau / Turpin: *Traité des arbres fruitiers,* Bd. 5, 1835, Pommier Nr. 31: »Belle-fleur«, Taf. XXX | **46** Schöner von Boskoop, aus: Gaucher (Hg.): *Pomologie des praktischen Obstbaumzüchters,* 1894, Teil I: Kernobstsorten, A: Aepfel, Nr. 20: »Schöner von Boskoop«, Taf. 64 | **50** Sternapfel, aus: Poiteau / Turpin: *Traité des arbres fruitiers,* Bd. 5, 1835, Pommier Nr. 6: »Api étoilé«, Taf. V | **52** Trierer Weinapfel, aus: Goethe / Degenkolb / Mertens (Hg.): *Aepfel und Birnen. Die wichtigsten deutschen Kernobstsorten,* 1894, Taf. »Roter Trierscher Weinapfel« | **54** Weißer Winterkalvill, aus: Poiteau / Turpin: *Traité des arbres fruitiers,* Bd. 5, 1835, Pommier Nr. 21: »Calville blanche«, Taf. XX | **58 / 59** Wilde Marille (Detail), aus: Poiteau / Turpin: *Traité des arbres fruitiers,* Bd. 1, 1835, Abricotier Nr. 6: »Albergier franc«, Taf. LVII | **60** Aprikose von Nancy, aus: Poiteau / Turpin: *Traité des arbres fruitiers,* Bd. 1, 1835, Abricotier Nr. 8: »Abricot-pêche«, Taf. LIX | **62** Roter Weinbergpfirsich, aus: Poiteau / Turpin: *Traité des arbres fruitiers,* Bd. 1, 1835, Pêcher Nr. 6: »Cardinale«, Taf. XIX | **64** Venusbrust, aus: Poiteau / Turpin: *Traité des arbres fruitiers,* Bd. 1, 1835, Pêcher Nr. 22: »Téton de vénus«, Taf. XXXIV | **68 / 69** Johannisbeere Fleischfarbene Champagner (Detail), aus: Poiteau / Turpin: *Traité des arbres fruitiers,* Bd. 3, 1835, Groseillier Nr. 3: »Groseillier à grappes (fruit carné)«, Taf. LXVIII | **70** Johannisbeere Weiße Kaiserliche, aus: Gaucher (Hg.): *Pomologie des praktischen Obstbaum-*

züchters, 1894, Teil III: Beerenobstsorten, A: Johannisbeeren, Nr. 100: »Weisse Kaiserliche«, Taf. 59 | **72** Moschuserdbeere Capron royal, aus: Poiteau / Turpin: *Traité des arbres fruitiers*, Bd. 3, 1835, Fraisier Nr. 16: »Capron royal«, Taf. L | **74** Stachelbeere Early Green Hairy, aus: Poiteau / Turpin: *Traité des arbres fruitiers*, Bd. 3, 1835, Groseillier Nr. 3: »Groseillier petite-verte, ronde, herissée«, Taf. LXXI (rechts) | **76** Weiße Himbeere, aus: Poiteau / Turpin: *Traité des arbres fruitiers*, Bd. 3, 1835, Fraimboisier Nr. 2: »Framboisier à fruit blanc«, Taf. XXXII | **80 / 81** Kaiserbirne mit dem Eichenblatt (Detail), aus: Poiteau / Turpin: *Traité des arbres fruitiers*, Bd. 4, 1835, Poirier Nr. 52: »Impériale à feuilles de chêne«, Taf. LI | **82** Blutbirne, aus: Poiteau / Turpin: *Traité des arbres fruitiers*, Bd. 4, 1835, Poirier Nr. 101: »Sanguinole«, Taf. XCVIII | **84** Dumonts Butterbirne, aus: Gaucher (Hg.): *Pomologie des praktischen Obstbaumzüchters*, 1894, Teil I: Kernobstsorten, B: Birnen, Nr. 34: »Dumont's Butterbirne«, Taf. 97 | **86** Forellenbirne, aus: Goethe / Degenkolb / Mertens (Hg.): *Aepfel und Birnen. Die wichtigsten deutschen Kernobstsorten*, 1894, Taf. »Forellenbirn« | **88** Frauenschenkel, aus: Poiteau / Turpin: *Traité des arbres fruitiers*, Bd. 4, 1835, Poirier Nr. 45: »Épargne«, Taf. XLIV | **90** Großer Katzenkopf, aus: Poiteau / Turpin: *Traité des arbres fruitiers*, Bd. 4, 1835, Poirier Nr. 34: »Catillac«, Taf. XXXIII | **94** Kleine Muskatellerbirne, aus: Poiteau / Turpin: *Traité des arbres fruitiers*, Bd. 4, 1835, Poirier Nr. 61: »Petit Muscat«, Taf. LX | **98** Schweizerhose, aus: Poiteau / Turpin: *Traité des arbres fruitiers*, Bd. 4, 1835, Poirier Nr. 107: »Verte-longue panachée«, Taf. CV | **100** Stuttgarter Gaishirtle, aus: Goethe / Degenkolb / Mertens (Hg.): *Aepfel und Birnen. Die wichtigsten deutschen Kernobstsorten*, 1894, Taf. »Stuttgarter Gaishirtle« | **102** Williams Christbirne, aus: Gaucher (Hg.): *Pomologie des praktischen Obstbaumzüchters*, 1894, Teil I: Kernobstsorten, B: Birnen, Nr. 70: »William's Christbirne«, Taf. 15 | **104** Winterapothekerbirne, aus: Poiteau / Turpin: *Traité des arbres fruitiers*, Bd. 4, 1835, Poirier Nr. 28: »Bon-chrétien d'hiver«, Taf. XXVIII | **106** Zitronenbirne, aus: Poiteau / Turpin: *Traité des arbres fruitiers*, Bd. 4, 1835, Poirier Nr. 82: »Poire d'œuf«, Taf. LXXIX | **110 / 111** Frühe Maikirsche (Detail), aus: Poiteau / Turpin: *Traité des arbres fruitiers*, Bd. 2, 1835, Cerisier Nr. 26: »Royale hâtive«, Taf. LXXI a | **112** Große Schwarze Knorpelkirsche, aus: Poiteau / Turpin: *Traité des arbres fruitiers*, Bd. 2, 1835, Cerisier Nr. 12: »Bigarreau noir«, Taf. LVII | **114** Holländische Große Prinzessinkirsche, aus: Poiteau / Turpin: *Traité des arbres fruitiers*, Bd. 2, 1835, Cerisier Nr. 10: »Gros Bigarreau rouge«, Taf. LV | **118** Schattenmorelle, aus: Poiteau / Turpin: *Traité des arbres fruitiers*, Bd. 2, 1835, Cerisier Nr. 20: »Cerise du Nord«, Taf. LXVI | **122 / 123** Königspflaume von Tours (Detail), aus: Poiteau / Turpin: *Traité des arbres fruitiers*, Bd. 2, 1835, Prunier Nr. 5: »Royale de Tours«, Taf. VI | **124** Große Grüne Reneklode, aus: Poiteau / Turpin: *Traité des arbres fruitiers*, Bd. 2, 1835, Prunier Nr. 21: »Reine-Claude«, Taf. XXII | **128** Hauszwetsche, aus: Poiteau / Turpin: *Traité des arbres fruitiers*, Bd. 2, 1835, Prunier Nr. 9: »Gros damas violet«, Taf. X | **130** Königin Viktoria, aus: Gaucher (Hg.): *Pomologie des praktischen Obstbaumzüchters*, 1894, Teil II: Steinobstsorten, D: Pflaumen, Nr. 98: »Victoria-Pflaume«, Taf. 84 | **132** Mirabelle von Nancy, aus: Poiteau / Turpin: *Traité des arbres fruitiers*, Bd. 2, 1835, Prunier Nr. 28: »Drap d'or«, Taf. XXVIII | **136 / 137** Gelbe Muskateller (Detail), aus: Poiteau / Turpin: *Traité des arbres fruitiers*, Bd. 3, 1835, Vigne Nr. 5: »Muscat blanc«, Taf. XX | **138** Feige Violette de Bordeaux, aus: Poiteau / Turpin: *Traité des arbres fruitiers*, Bd. 6, 1835, Figuier Nr. 2: »Figue de Bordeaux (violette)«, Taf. XXVI | **140** Großfrüchtige Mispel, aus: Poiteau / Turpin: *Traité des arbres fruitiers*, Bd. 6, 1835, Néflier Nr. 4: »Néflier à gros fruit«, Taf. VII | **142** Krachmandel, aus: Poiteau / Turpin: *Traité des arbres fruitiers*, Bd. 1, 1835, Amandier Nr. 4: »Amandier des dames«, Taf. IV | **144** Portugiesische Birnenquitte, aus: Poiteau / Turpin: *Traité des arbres fruitiers*, Bd. 6, 1835, Coignassier Nr. 4: »Coing de Portugal«, Taf. II | **146** Schwarze Maulbeere, aus: Poiteau / Turpin: *Traité des arbres fruitiers*, Bd. 3, 1835, Mûrier Nr. 1: »Mûrier noir«, Taf. LIX | **148** Walnuss Bijou, aus: Poiteau / Turpin: *Traité des arbres fruitiers*, Bd. 6, 1835, Noyer Nr. 2: »Noix à bijoux«, Taf. XIII | **168 / 169** Katalonischer Spilling (Detail), aus: Poiteau / Turpin: *Traité des arbres fruitiers*, Bd. 2, 1835, Prunier Nr. 3: »Prune de Catalogne«, Taf. IV

Tipps & Adressen

Aktiv werden

Vereine & Organisationen

Obstbäume pflanzen und schneiden, bei der Apfelernte helfen oder an Veranstaltungen und Aktionen rund um das Thema Streuobst teilnehmen – auch ohne eigenen Garten kann man aktiv werden und einen Beitrag zum Erhalt alter Obstsorten leisten. Das geht am besten in der eigenen Umgebung: Lokalgruppen verschiedener Vereine engagieren sich für den Erhalt von Obstsorten und Streuobstwiesen und leisten damit einen wichtigen Beitrag zum Schutz der Biodiversität.

DEUTSCHLAND

Pomologen-Verein
www.pomologen-verein.de
www.obstsortenerhalt.de

Der 1919 aufgelöste und 1991 wieder neu gegründete Verein mit Landesgruppen in allen Bundesländern setzt sich für den langfristigen Erhalt historischer Obstsorten in Deutschland ein, unter anderem durch Sortengärten, Beratung bei Neupflanzungen, Edelreiserabgaben, Vergabe von Obstbaumpatenschaften und Seminare zur Sortenbestimmung und Obstbaumpflege. Außerdem gibt der Pomologen-Verein e.V. eine jährlich erscheinende Fachzeitschrift heraus und organisiert ein Erhalternetzwerk für alte Obstsorten.

BUND Lemgo
www.bund-lemgo.de
www.obstsortendatenbank.de

Diese Ortsgruppe des BUND e.V. beschäftigt sich primär mit dem Erhalt alter Obstsorten. Neben zwei eigenen großen Streuobstwiesen pflegt der BUND Lemgo eine hervorragende Datenbank alter Obstsorten und informiert auf seiner Webseite ausführlich über Anbau, Bezugsquellen, Literatur und Veranstaltungen.

NABU – Naturschutzbund Deutschland
www.nabu.de (Stichwort: Streuobst)

Der NABU e.V., einer der größten Umweltverbände Deutschlands, beschäftigt sich neben anderen Naturschutzthemen auch intensiv mit dem Streuobstbau. Er zeichnet »NABU-Obstsortenparadiese« aus, veröffentlicht viermal pro Jahr einen Streuobst-Rundbrief und bietet zahlreiche Veranstaltungen und Informationen zum Thema Streuobst an. Viele NABU-Ortsgruppen betreuen lokale Streuobstwiesen.

ÖSTERREICH

Arche Noah
www.arche-noah.at

Arche Noah bewahrt gefährdete Kulturpflanzen, insbesondere traditionelle und seltene Obst-, Gemüse- und Getreidesorten, über ein privates Erhalternetzwerk. Der Verein pflegt einen eigenen Schaugarten in Schiltern, verkauft Pflanzen und Saatgut und bietet außerdem informative Sortenbeschreibungen sowie Beratung, Seminare und zahlreiche Veranstaltungen.

SCHWEIZ

FRUCTUS
www.fructus.ch

Die Vereinigung Fructus hat sich auf die Förderung und den Erhalt alter Obstsorten spezialisiert; sie kürt regelmäßig die Schweizer Obstsorte des Jahres. Neben ausführlichen Sortenlisten und -beschreibungen gibt Fructus Baumschulempfehlungen und bietet Exkursionen, Kurse, Sortenbestimmungen und Beratung durch Obstsortenexperten an.

ProSpecieRara
www.prospecierara.ch

ProSpecieRara, eine schweizerische Stiftung, setzt sich für den Schutz und die Nutzung seltener Pflanzensorten und Nutztierrassen ein, unter anderem durch die Zucht alter Sorten und Rassen, die Vermittlung von Fachwissen und die Vergabe des ProSpecieRara-Gütesiegels.

Rétropomme
www.retropomme.ch

1987 gegründete Organisation, die sich für den Erhalt alter Obstsorten in der französischsprachigen Schweiz einsetzt.

Baumpatenschaften

Wer die Patenschaft für einen Obstbaum übernimmt oder sich an Ernteaktionen beteiligt, trägt zum Schutz alter Sorten bei und kann auch ohne eigenen Garten frisches Obst naschen.

Organisationen wie die Oberlausitz-Stiftung, Äpfel und Konsorten (Berlin/Brandenburg), Arche Noah (Österreich) und ProSpecieRara (Schweiz) unterstützen Sortenerhaltungswiesen und bieten an verschiedenen Standorten Baumpatenschaften an. Ähnliche Angebote gibt es auch in verschiedenen Schau- und Lehrgärten, Baumschulen und Biohöfen. Auch ohne feste Baumpatenschaft kann man bei Ernteaktionen mithelfen, Obst pflücken und sich an der Pflege von Obstbäumen beteiligen. Auf der Webseite mundraub.org veröffentlichen Obstwiesenbesitzer, Kommunen und Einzelpersonen die Standorte von Obstbäumen im gesamten deutschen Sprachraum, die gepflegt und beerntet werden dürfen. Das Projekt »Apfelschätze« in Berlin/Brandenburg vermittelt in und um Berlin Obstbäume an Interessierte und veranstaltet Schnitt- und Ernteaktionen.

Alte Sorten kennenlernen

Obstmuseen & Schaugärten

Der Erhalt alter Obstsorten findet unter anderem durch die Bestandspflege statt – Obstgehölze dienen als Mutterbäume für die Weitervermehrung. Schaugärten und Obstmuseen stellen ihre Streuobstwiesen und Obst-Arboreten für Besichtigungen zur Verfügung, bieten Führungen oder Vorträge an und eignen sich hervorragend als Ausflugsziele.

DEUTSCHLAND

Apfelscheune Cannewitz (02694 Malschwitz): Streuobstwiese mit 230 Obstbäumen, darunter 70 alte Sorten

Pomologischer Schau- und Lehrgarten Döllingen (04924 Döllingen): frei zugänglicher Schau- und Lehrgarten des brandenburgischen Vereins Kerngehäuse e.V.

Boomgarden (21682 Stade): Obstgarten des norddeutschen Apfelspezialisten Eckardt Brandt

Obstgarten Haseldorf (25489 Haseldorf): frei zugänglicher Obstgarten in Schleswig-Holstein mit 180 alten lokalen Obstsorten

Pomarium frisiae (26725 Emden): »friesischer Obstgarten« mit über 1000 Obstsorten, betrieben von der Stiftung Ökowerk Emden

Obstmuseum Gut Leidenhausem (51147 Köln): Obst-Arboretum mit über 135 alten rheinischen Obstsorten

Obstbaumuseum Glems (72555 Metzingen): Museum mit Ausstellungen zum Streuobstbau und einer anliegenden Streuobstwiese mit Birnenlehrpfad

Oberschwäbisches Museumsdorf Kürnbach (88427 Bad Schussenried): Museumsdorf mit 120 per »Apfel-App« erkundbaren alten heimischen Sorten und einem Obstbaumuseum, das unter anderem historische Wachsmodelle alter Obstsorten zeigt

Mustea Quittenhof (97247 Untereisenheim): Rekultivierungsprojekt alter Quittensorten mit nahegelegenem Astheimer Quittenlehrpfad

ÖSTERREICH

ARCHE NOAH Schaugarten (3553 Schiltern): Schaugarten der Organisation Arche Noah mit alten und neuen, lokalen und exotischen Obst-, Gemüse- und Kultursorten

Obstlehrgarten (4076 St. Marienkirchen/Polsenz): Sortengarten mit rund 200 »bodenständigen« Apfel-, Birnen- und anderen Obstsorten und einem Lehrpfad zum Thema Obstbaumschnitt

Obstsortengarten Ohlsdorf (4694 Ohlsdorf): »Europas sortenreichster Obstschaugarten« enthält etwa 2000 mit erklärenden Schildern versehene Obstsorten.

Obsterlebnisgarten Lohnsburg (4923 Lohnsburg): vom örtlichen Obst- und Gartenbauverein betriebener Obst-, Beeren- und Kräutergarten mit alten einheimischen Sorten

Haus des Apfels (8182 Puch bei Weiz): Bauernhofmuseum rund um Anbau, Kultur und Geschichte des Apfels und Freigelände mit alten Obstsorten und Schautafeln

Sortengarten Burgenland (8385 Neuhaus): »Obstparadies« mit über 250 alten Sorten aus dem Burgenland

SCHWEIZ

Arboretum Aubonne (1170 Aubonne): über 3000 Bäume, darunter zahlreiche alte Obstsorten, auf vier beschilderten Rundwegen zu sehen

Obstsortensammlung Roggwill (9325 Hofen bei Roggwill): ganzjährig geöffneter Schaugarten mit etwa 400 verschiedenen alten Obstsorten auf Hochstamm-Bäumen

Weitere Schaugärten: In der Schweiz gibt es zahlreiche Schau- und Erhaltungsgärten für alte Obstsorten. Die Schweizerische Kommission für die Erhaltung von Kulturpflanzen SKEK bietet auf ihrer Webseite eine hervorragende Übersichtskarte über Schweizer Sortengärten (www.cpc-skek.ch/schaugaerten.html); auch die Schaugärten der Stiftung ProSpecieRara sind darauf markiert.

Obstlehrpfade

Eine Vielzahl von Obstlehrpfaden lädt dazu ein, alte Obstsorten kennenzulernen; hier kann nur eine kleine Auswahl genannt werden.

DEUTSCHLAND

Obstarche Reddelich (18209 Reddelich): 12 km langer Obstlehrpfad mit insgesamt 450 Sorten

Europas längster Obstlehrpfad (23843 Bad Oldesloe): Radweg entlang der alten Bahntrasse von Henstedt-Ulzburg nach Bad Oldesloe mit etwa 120 alten Obstsorten auf 24 km Länge

Streuobstwiese Lindenhaus (32657 Lemgo): Vom BUND Lemgo betriebener Obstsortenweg mit umfangreichen Sorten- und Informationstafeln

Rheinischer Obstlehrpfad (41849 Wassenberg): zum bundesweiten ersten »NABU-Obstsortenparadies« ernannter Obstweg bei Mönchengladbach

Pomologie (72764 Reutlingen): Obstlehrpfad von historischem Wert; 1860 von dem berühmten Pomologen Eduard Lucas angelegt und noch heute öffentlicher Park mit über 60 verschiedenen alten Obstsorten und Lehrtafeln

ObstGenGarten (76669 Bad Schönborn): Lehrpfad mit ca. 300 seltenen alten Obstsorten; Führungen werden angeboten.

Baden-württembergische Obstpfade und -museen nennt die Webseite www.obstsorten-bw.de; einzelne Sorten können per Suchfunktion lokalisiert werden.

Reine **Kirschenlehrpfade** sind der Kirschenerlebnispfad in Witzenhausen a. d. Werra und der Kirschenlehrpfad in Hagen am Teutoburger Wald.

ÖSTERREICH

Österreichische Obstwege gibt es unter anderem in Hollenthon in den Wiener Alpen (2812 Hollenthon), auf dem Obstlehrpfad Mostlandhof (3251 Purgstall an der Erlauf), im Naturpark Eichenhain an der Donau bei Wien (3400 Klosterneuburg) und auf dem Obstlehrpfad Bregenz beim Kloster Mehrerau (6900 Bregenz).

SCHWEIZ

In der Schweiz können alte Sorten beispielsweise auf dem FRUCTUS-Obstlehrpfad Höri-Steinmaur (8181 Höri) und dem Altnauer Apfelweg am Bodensee (8595 Altnau) erkundet werden.

Alte Sorten kaufen

Obstmärkte & Veranstaltungen

Bei zahlreichen Streuobstfesten und Obstmärkten kann man alte Obstsorten nicht nur bestaunen, sondern auch probieren: Dort werden Früchte, Säfte und andere Obstprodukte angeboten; außerdem kann man dort Sorten aus dem eigenen Garten bestimmen lassen.

Veranstaltungskalender mit Obstfesten und Märkten finden sich auf den Webseiten von NABU, Arche Noah (Österreich) und ProSpecieRara (Schweiz).

Auch auf normalen **Wochenmärkten** und in den meisten Bioläden gibt es alte Obstsorten von Streuobstwiesen; beispielsweise betreibt der NABU einen Stand mit alten Obstsorten auf dem Münsteraner Wochenmarkt, das BOOMGARDEN-Projekt einen Apfelstand in Hamburg. Alternativ kann man auch **online** Probierpakete alter Obstsorten bestellen.

Baumschulen

Es lohnt sich, alte Obstsorten vor Ort bei Baumschulen zu erwerben, die darauf spezialisiert sind. Dort gibt es anstelle der (an ihrem ®-Markenzeichen erkennbaren) modernen Züchtungen auch seltene und regionale Sorten, die an das lokale Klima angepasst sind; außerdem bekommt man kompetente Beratung, welche Sorte und Wuchsform an den geplanten Standort passt. In guten Baumschulen kann man überdies – anders als bei Internet-Versendern – sicher sein, wirklich die gewünschte Sorte zu erhalten.

Folgende Baumschulen bieten ein besonders großes Sortiment an alten Sorten (nach PLZ geordnet):

DEUTSCHLAND

04643 Geithain: HEROS-Baumschulen, www.heros-baumschulen.de

14513 Teltow: Arboterra GmbH, www.arboterra.com

25488 Holm: Hermann Cordes Obstbaumschulen, www.cordes-obst.de

25560 Warringholz: Schwerdtfeger Obstbaumschulen, www.alte-obstsorten-online.de

27330 Asendorf: Bioland-Obstbaumschule Hoffmann, www.hoffmann-obstbaumschule.de

31028 Brüggen: Baumschule König, www.baumschulekoenig.de

34399 Wesertal/Lippoldsberg: Baumschule Spiess, www.baumschule-spiess.de

34466 Wolfhagen-Nothfelden: Bioland-Baumschule Pflanzlust, www.pflanzlust.de

36148 Niederkalbach: Baumschule Leinweber, www.baumschule-leinweber.de

37318 Dietzenrode-Vatterode: Baumschule Walsetal, www.baumschule-walsetal.de

66882 Hütschenhausen: Baumschule Ritthaler, www.baumschuleritthaler.de

69121 Heidelberg: Bioland-Baumschule Frank Wetzel, www.biolandbaumschule.de

72770 Reutlingen: Leibssle Baumschulen, www.leibssle.de

79336 Herbolzheim: Baumschule Rombach, www.baumschule-rombach.de

84378 Nöham: Baumgartner Baumschulen, www.baumgartner-baumschulen.de

84439 Steinkirchen: Baumschule Brenninger, www.baumschule-brenninger.de

ÖSTERREICH

3544 Idolsberg: Biobaumschule Schafnase, www.schafnase.at

3972 Bad Großpertholz: Bio-Baumschule Artner, www.biobaumschule.at

4663 Laakirchen: Baumschule Vielhaber, www.baumschule-vielhaber.at

4724 Neukirchen am Walde: Baumschule Raninger, www.baumschule-raninger.at

4974 Ort im Innkreis: Baumschule Grossbötzl, www.grossboetzl.com

SCHWEIZ

3116 Noflen: Glauser's Bio-Baumschule, www.biobaumschule.ch

5413 Birmenstorf: Baumschule Toni Suter, www.tonisuter.ch

8507 Hörhausen: Nussbaumschule Gubler, www.nussbaeume.ch

9315 Neukirch: Bio-Obst Stocken, www.bio-obst.ch

9604 Lütisburg: Biohof Weidli, www.weidli.ch

Listen mit weiteren Baumschulen sind auf den Webseiten von NABU, BUND Lemgo, Arche Noah und Fructus zu finden; eine Landkarte mit Baumschulen gibt es unter www.meineobstsorte.at. Demeter- und Biobaumschulen sind auf der Demeter-Webseite www.gartenrundbrief.de verzeichnet.

Keltereien, Mostereien, Brennereien

Sei es Apfelsaft aus Roten Sternrenetten, Most aus Roten Trierer Weinäpfeln oder Williams-Christ-Birnenbrand – alte Obstsorten kann man auch in flüssiger Form zu sich nehmen. Der NABU nennt auf seiner Webseite Hunderte von Mostereien und Brennereien in Deutschland; www.mundraub.org verzeichnet auf einer Karte Mostereien in Deutschland, Österreich und der Schweiz.

Mehr über alte Sorten erfahren

Sortenbeschreibungen & Datenbanken

BUND-Lemgo Obstsortendatenbank
www.obstsortendatenbank.de

Umfangreiche Datenbank mit über 3500 alten Obstsorten inklusive Farbtafeln und Sortenbeschreibungen, vor allem aus historischen Werken

ARCHE-NOAH-Obstsortenblätter
www.arche-noah.at/sortenerhaltung/obst-und-obstsammlung/sortenbeschreibungen

Detaillierte Sorteninformationen zu Äpfeln, Birnen, Kirschen, Pflaumen und Aprikosen/Marillen, mit Herkunftsangaben, Beschreibung und Baumeigenschaften

Deutsche Genbank Obst
www.deutsche-genbank-obst.de
Online-Datenbank mit über 2500 Obstsorten und Angaben zu den Erhaltern der jeweiligen Sorte

Außerdem lohnt es, **lokale Sortenlisten** zu konsultieren; auf der Bücherliste des NABU-Streuobst-Materialversands sind beispielsweise regionale Sortenlisten für fast alle Gegenden Deutschlands zu finden.

Außerdem werden jährlich regionale Streuobstsorten des Jahres gekürt, beispielsweise für Norddeutschland, Sachsen, Hessen, Saarland/Rheinland-Pfalz und Baden-Württemberg. In Österreich bestimmt die Arbeitsgemeinschaft ARGE Streuobst und in der Schweiz die Vereinigung Fructus die Obstsorten des Jahres.

Empfehlenswerte Nachschlagewerke

Sortenbestimmung
Walter Hartmann: *Alte Obstsorten*, 6., erw. Aufl., Stuttgart 2019 – Sortenhandbuch mit Fotos und Beschreibungen von 296 alten Apfel-, Birnen-, Pflaumen- und Kirschensorten

Geschichte
Clemens Alexander Wimmer: *Geschichte und Verwendung alter Obstsorten*, Berlin 2003 – gartenhistorische Studie zur Herkunft europäischer Obstsorten, mit zahlreichen Literaturhinweisen

Obstanbau
Johannes Maurer / Bernd Kajtna / Andrea Heistinger / Arche Noah: *Handbuch Bio-Obst. Sortenvielfalt erhalten, ertragreich ernten, natürlich genießen*, Innsbruck 2016 – umfangreiches Nachschlagewerk mit Anleitungen zur Pflanzung, Pflege, Vermehrung, Ernte und Lagerung von Obst

Streuobstwiesen
Markus Zehnder / Friedrich Weller: *Streuobstbau. Obstwiesen erleben und erhalten*, 3., erw. Aufl., Stuttgart 2016 – Überblick über Geschichte, Ökologie und Geografie von Streuobstwiesen sowie deren Pflege und Nutzung

Sortenregister

Hervorgehobene Seitenzahlen verweisen auf Abbildungen.

A

Aargauer Jubiläumsapfel 92
Abricot-pêche *siehe* Aprikose von Nancy
Agathe von Klanxbüll 92
Altländer Pfannkuchenapfel 56
Amande des dames *siehe* Krachmandel
American Mammoth *siehe* Gloria Mundi
Ananasbirne von Courtray 92
Ananasrenette **18**, 19, 153
Angélique Noire *siehe* Violette de Bordeaux
Anna Späth 134
Anneliese Rudolph 67
Äpfel 16–57, 153–155, 159–160
Apfel KZ-3 *siehe* Korbiniansapfel
Api *siehe* Kleiner Api
Api étoilé *siehe* Sternapfel
Aprikose von Breda 66
Aprikose von Nancy **60**, 61
Aprikosen 8, 58–61, 66, 154, 155, 161
Asperl *siehe* Großfrüchtige Mispel

B

Bamberger Kugelbirne 32
Bartlett *siehe* Williams Christbirne
Bauernpflaume *siehe* Hauszwetsche
Beckenbirne *siehe* Forellenbirne
Beeren 68–79, 155, 162–163
Bellefleur *siehe* Roter Bellefleur
Berberitze 150
Bergamotte Suisse panachée *siehe* Schweizerhose
Bergeron 66
Berlepsch *siehe* Freiherr von Berlepsch
Berliner Schafsnase 92
Berner Rosenapfel 56, 92
Berudge 135
Bestebirne *siehe* Zitronenbirne
Beurré Dumont *siehe* Dumonts Butterbirne
Beurré romain *siehe* Römische Schmalzbirne
Bidling 126
Bigarreau noir *siehe* Große Schwarze Knorpelkirsche
Bijou **148**, 149
Birnen 80–109, 154, 155, 157, 163
Birnfeige *siehe* Violette de Bordeaux
Bisamberger Knödelmarille 66
Bischofshut 92
Bittere Blanke 120, 164
Blaue Kriecherl-Pflaume 92
Blumenkalvill *siehe* Gravensteiner
Blutapfel **20**, 21
Blutbirne **82**, 83
Blutpfirsich *siehe* Roter Weinbergpfirsich
Bombadinchen *siehe* Kleiner Api
Bon-chrétien d'hiver *siehe* Winterapothekerbirne
Börtlinger Weinapfel 53
Boskoop *siehe* Schöner von Boskoop
Bramley's Seedling 22, 40
Brauner Matapfel 21
Braunrote Speckbirne 48
Breitarsch 92
Brettacher 56
Bristol 77, 78
Brombeeren 78

Brüsseler Braune *siehe* Leopoldskirsche
Bürgermeisterbirne 109
Bürgerprinz 33

C

Calville blanche *siehe* Weißer Winterkalvill
Calville étoilée *siehe* Rote Sternrenette
Capron hermaphrodite *siehe* Capron royal
Capron royal **72**, 73
Catillac *siehe* Großer Katzenkopf
Cérise du Nord *siehe* Schattenmorelle
Champagner Bratbirne 15, 108
Champagnerrenette 19, 92
Clapps Liebling 108
Cœur de Bœuf *siehe* Blutapfel
Coing de Portugal *siehe* Portugiesische Birnenquitte
Common white *siehe* Weiße Himbeere
Court-pendu royal *siehe* Königlicher Kurzstiel
Cuisse Madame *siehe* Frauenschenkel

D

Dattelzwetschge 92, 135
Dauphinspflaume *siehe* Große Grüne Reneklode
Doktor Jules Guyot 92
Dolleseppler 120
Dönissens Gelbe Knorpelkirsche 120
Doppelte Mirabelle *siehe* Mirabelle von Nancy
Doppelttragende Große Muskatellerbirne 48

Doyenne du Comice 109
Drap d'or *siehe* Mirabelle
   von Nancy
Dressprümmche 135
Dumonts Butterbirne **84**, 85
Durchsichtiger Sommerapfel
   siehe Klarapfel
Dürkheimer Krachmandel 143

E
Early Green Hairy **74**, 75
Ecker 1 150
Elsbeere 151
Emma Leppermann 134
Epargne *siehe* Frauenschenkel
Erbachhofer Mostapfel 53
Erdbeerapfel *siehe*
   Weißer Winterkalvill
Erdbeeren 72, 73, 78, 162
Erntepflaume 135
Ersinger Frühzwetsche 134
Esskastanie 150
Esslinger Schecken 115, 120

F
Farbenschachtel 57
Feigen **138**, 139, 150, 154
Felsenbirne 151
Fenouillet rouge *siehe*
   Königlicher Kurzstiel
Finkenwerder Herbstprinz
   siehe Herbstprinz
Fleischfarbene
   Champagner **68/69**, 79
Flower of Kent 23
Forellenbirne **86**, 87
Framboisier à fruit blanc *siehe*
   Weiße Himbeere
Fränkische
   Hauszwetschge 129
Franzmadame *siehe*
   Frauenschenkel
Frau Luise Goethe 92
Frauenschenkel **88**, 89
Frauenzimmermandel *siehe*
   Krachmandel
Freiburger Prinz 48
Freiherr von Berlepsch 57
Frühe Maikirsche **110/111**, 120
Frühe von Croncels 67

Früheste der Mark 120
Früheste Grosselbeere *siehe*
   Early Green Hairy

G
Gaishirtle *siehe* Stuttgarter
   Gaishirtle
Gala 14
Garrns Bunte 115, 121
Geheimrat Dr. Oldenburg 92
Gelbe Antwerpener 77, 79
Gelbe Eierpflaume 92
Gelbe Muskateller **136/137**, 150
Gelbe Wadelbirne 108
Gelber Gravensteiner *siehe*
   Gravensteiner
Gelbroter Spilling *siehe*
   Gubener Spilling
Gellerts Butterbirne 109, 153
Gemeine Zwetschge *siehe*
   Hauszwetsche
General Tottleben 92
Gestreifte Amanlis
   Butterbirne 99
Gestreifte Bunte Herbstbirne
   siehe Schweizerhose
Gestreifte Eierpflaume 48
Gestreifte Williams Christ 99
Gewürzluiken 57
Glockenapfel 57
Glockenbirne *siehe* Großer
   Katzenkopf
Gloria Mundi **24**, 25
Goldapfel *siehe* Ananasrenette
Golden Delicious 14
Goldkirsche 92
Goldparmäne **26**, 27
Goldpflaume *siehe*
   Mirabelle von Nancy
Goldschwänzchen 92
Graf Althanns Reneklode 85,
   134
Granatbirne *siehe* Blutbirne
Gråsten *siehe* Gravensteiner
Graue Französische Renette
   siehe Graue Renette
Graue Hühnerbirne 92
Graue Renette 10, **28**, 29
Grauer Rabau *siehe*
   Graue Renette

Gravensteiner **30**, 31, 153
Green Gage *siehe* Große
   Grüne Reneklode
Green Gascoigne *siehe*
   Early Green Hairy
Griotte de Léopold *siehe*
   Leopoldskirsche
Griotte du Nord *siehe*
   Schattenmorelle
Gros Bigarreau rouge *siehe*
   Holländische Große
   Prinzessinkirsche
Gros Damas violet *siehe*
   Hauszwetsche
Große Birnquitte *siehe*
   Portugiesische Birnenquitte
Große Grüne Reneklode **124**,
   125
Große Lange Lothkirsche *siehe*
   Schattenmorelle
Große Prinzessinkirsche
   siehe Holländische Große
   Prinzessinkirsche
Große Schwarze Glanzkirsche
   siehe Große Schwarze
   Knorpelkirsche
Große Schwarze
   Knorpelkirsche **112**, 113
Großer Katzenkopf **90**, 91
Großer Mogul *siehe*
   Großer Katzenkopf
Großfrüchtige Mispel **140**, 141
Großherzog von Baden 85
Grüne Plumpsbirne 92
Gubener Spilling 127
Gute Graue 108
Gute Grüne Zuckerpflaume
   siehe Große Grüne Reneklode
Gute Luise von Avranches 93

H
Haferkrüpsbirne 32
Haferpflaume 135, *siehe auch*
   Kriechen
Halbzwetschke 126
Hallesche Riesennuss 150
Hansa 78
Haselnuss 150
Hasenkopf *siehe* Herbstprinz
Hausmütterchen 25

Hauszwetsche **128**, 129
Hedelfinger Riesen-
   kirsche 121, 153
Herbstforelle *siehe*
   Forellenbirne
Herbstprinz 32, 33, 153
Herrenhäuser Mirabelle 48
Herzapfel *siehe*
   Rote Sternrenette
Herzogin von Angoulême 92
Himbeerapfel *siehe* Weißer
   Winterkalvill
Himbeeren **76**, 77, 78
Holländische Große Prinzes-
   sinkirsche 11, **114**, 115
Holländischer Bellefleur *siehe*
   Roter Bellefleur
Holsteiner Cox 56
Holunder 151
Honigbirne *siehe* Stuttgarter
   Gaishirtle
Hönings Früheste 79
Hühnerherz *siehe*
   Holländische Große
   Prinzessinkirsche
Hundsarsch *siehe*
   Großfrüchtige Mispel
Hundspflaume *siehe* Spilling
Hutzelbirne *siehe* Stuttgarter
   Gaishirtle, Gelbe Wadel-
   birne

I

Imperial blanc *siehe*
   Weiße Kaiserliche
Imperial jaune *siehe*
   Weiße Kaiserliche
Ingrid Marie 92

J

Jakob Fischer 22
Johannisbeeren **68/69**, 70,
   71, 79 , 162–163
Johannispflaume 135
Joiser Einsiedekirsche 32
Josephine von Mecheln 109
Josephinenapfel *siehe*
   Gloria Mundi

K

Kaiser Wilhelm 92
Kaiserbirne mit dem
   Eichenblatt **80/81**, 108
Kalbfleischapfel 32
Kanadarenette 57
Käsapfel *siehe* Königlicher
   Kurzstiel
Kassins Frühe 121
Katalonischer Spilling 135,
   168/169
Katzenkopf *siehe*
   Großer Katzenkopf
Kernechter vom
   Vorgebirge 67
King of the Pippins *siehe*
   Goldparmäne
Kirschen 9, 110–121, 154, 155,
   164–165
Kirschpflaume *siehe*
   Myrobalane
Klapperapfel *siehe*
   Herbstprinz
Klarapfel **34**, 35
Kleine Muskatellerbirne **94**, 95
Kleiner Api 9, **36**, 37
Klotzbirne *siehe*
   Großer Katzenkopf
Königin Viktoria **130**, 131
Königlicher Kurzstiel 11, **38**, 39
Königs-Moschuserdbeere
   siehe Capron royal
Königspflaume von Tours 11,
   122/123, 134
Korbiniansapfel 40, 41
Kornelkirsche 151
Köröser Weichsel 120
Köstliche von Charneux 109
Koulmännekes *siehe* Roter
   Bellefleur
Krachmandel **142**, 143
Kriechen, auch Kreeken oder
   Kriecherln 122, 126
Krügers Dickstiel 57
Kuhfuß 92
KZ-3 *siehe* Korbiniansapfel

L

Lauermannskirsche *siehe*
   Holländische Große
   Prinzessinkirsche
Lederapfel *siehe* Schöner
   von Boskoop
Lederkirsche *siehe*
   Große Schwarze Knorpel-
   kirsche
Leopoldskirsche 117
Lloyd George 78
Löhrpflaume 134
Lothringer Mirabelle 63
Louise-Bonne d'Avranches
   siehe Gute Luise von
   Avranches
Lucienkirsche 121
Luizet 66

M

Madame Moutot 78
Malede 66
Mandel **142**, 143, 154, 155
Marange 135
Marillen *siehe* Aprikosen
Maulbeeren **146**, 147, 154,
   155
Mecklenburger Junker-
   apfel 48
Melanchthonsbirne *siehe*
   Römische Schmalz-
   birne
Melonenapfel *siehe*
   Herbstprinz
Mieze Schindler 78
Minners Bunte 115
Mirabelle de Lorraine 133
Mirabelle von Metz 134
Mirabelle von Nancy **132**, 133
Mispel **140**, 141, 154, 155
Mollebusch 109
Mombacher Frühaprikose 66
Monstrous Pippin *siehe*
   Gloria Mundi
Moringer Wunderbirne 48
Moschuserdbeere **72**, 73
Mosel-Weinbergpfirsich 63
Mûrier noir *siehe*
   Schwarze Maulbeere
Muskatellererdbeere 73

Muskatrenette 19
Myrobalane 126, 133

N
Nancy-Aprikose *siehe*
  Aprikose von Nancy
Nancy-Mirabelle *siehe*
  Mirabelle von Nancy
Néflier à gros fruits *siehe*
  Großfrüchtige Mispel
Negronne *siehe* Violette
  de Bordeaux
Nektarine 67
Newton's Apple Tree *siehe*
  Flower of Kent
Noix à bijoux *siehe* Bijou
Nordhäuser Winterforelle 87
Nüsse **148**, 149, 150

O
Ochsenherz *siehe* Blutapfel
Ontario-Pflaume 134
Oullins Reneklode 134

P
Palmischbirne 108
Paradiesapfel *siehe* Weißer
  Winterkalvill
Pastorenbirne 89, 109
Pêche à tétin *siehe*
  Venusbrust
Pêche cardinale *siehe* Roter
  Weinbergpfirsich
Pemse 126
Perlbeere *siehe* Weiße
  Kaiserliche
Petersbirne 109
Petit api *siehe* Kleiner Api
Petit Muscat *siehe* Kleine
  Muskatellerbirne
Petite Aubique *siehe* Violette
  de Bordeaux
Petite-verte ronde hérissée
  siehe Early Green Hairy
Pfaffenkäpple *siehe*
  Sternapfel
Pfälzer Fruchtfeige 150
Pferdenuss *siehe* Bijou
Pfingstapfel *siehe*
  Roter Bellefleur

Pfirsichaprikose *siehe*
  Aprikose von Nancy
Pfirsiche 8, 58, 62–65, 67,
  154, 155, 157
Pflaumen 122–135, 154, 155,
  165–166
Pfluder 126
Pfundbirne *siehe* Großer
  Katzenkopf
Pink Lady® 14
Poire d'œuf *siehe* Zitronen-
  birne
Poire truitée *siehe*
  Forellenbirne
Pöllauer Hirschbirne 6
Polternuss *siehe* Bijou
Pomme étoilée *siehe*
  Sternapfel
Pomme Joséphine *siehe*
  Gloria Mundi
Pomme rose *siehe* Kleiner Api
Portugiesische Birnen-
  quitte **144**, 145
Prinz Albert 79
Prinz von Württemberg *siehe*
  Gute Luise von Avranches
Prinzessinnenmandel *siehe*
  Krachmandel
Proskauer Pfirsich 67
Pruneau de St. Aubin 129
Punze 126
Purpurroter Cousinot 57,
  92

Q
Queen Victoria *siehe*
  Königin Viktoria
Quitten **144**, 145, 150, 154,
  155, 167
Quittenrenette 19

R
Rauhapfel *siehe* Graue Renette
Red Haven 67
Regelsbirne *siehe*
  Winterapothekerbirne
Reine des reinettes *siehe*
  Goldparmäne
Reine-claude *siehe*
  Große Grüne Reneklode

Reinette Ananas *siehe*
  Ananasrenette
Reinette grise *siehe*
  Graue Renette
Rekord aus Alfter 67
Renekloden 122, **124**, 125,
  154, 155
Renette von Montfort *siehe*
  Schöner von Boskoop
Rheinischer Bohnapfel 57
Ringlotten *siehe* Renekloden
Römische Schmalzbirne 89, 97
Rose de Champagne 79
Rosenthals Langtraubige 78
Roßpauke 92
Rotbunter Spilling *siehe*
  Gubener Spilling
Rote Donaunuss 150
Rote Holländische 79
Rote Mirabelle 135
Rote Spaternte 121
Rote Sternrenette **42**, 43
Rote Triumphbeere 79
Roter Api *siehe* Kleiner Api
Roter Astrachan 56
Roter Bellefleur **44**, 45
Roter Brasilienapfel 48
Roter Eiserapfel 57
Roter Ellerstädter 67
Roter Holzapfel *siehe* Trierer
  Weinapfel
Roter Trier'scher Weinapfel
  siehe Trierer Weinapfel
Roter Weinbergpfirsich **62**, 63
Roter Winterkalvill **16**/**17**, 57
Rotprinz 33
Royale hâtive 120

S
Salzburger Rosenstreifling 92
Sanddorn 151
Sanguinole *siehe* Blutapfel,
  Blutbirne, Roter
  Weinbergpfirsich
Saurüssel *siehe* Zitronenbirne
Schattenmorelle **118**, 119
Schatzbirne *siehe* Frauen-
  schenkel
Scheißpfläumle *siehe*
  Kriechen

189

Schlehe 151
Schmalprinz 33
Schneiders Späte
    Knorpelkirsche 121
Schöne von Bibern 129
Schöne von Einigen 32, 121
Schöne Wienerin 78
Schönemann 78
Schöner aus Bath 56
Schöner vom Oberland 22
Schöner von Boskoop **46**, 47
Schwarze Adlerkirsche 92, 121
Schwarze Ananas 78
Schwarze Maulbeere **146**,
    147
Schwarzer Borsdorfer 21
Schweizer Bratbirne 32
Schweizerhose **98**, 99
Seestermüher Zitronen-
    apfel 56
Seidenhemdchen *siehe*
    Weißes Seidenhemdchen
Sept-en-gueule *siehe*
    Kleine Muskatellerbirne
Sertürners Renette 48, 49
Siebenschläfer *siehe*
    Roter Bellefleur
Sommerblutbirne *siehe*
    Blutbirne
Sommereierbirne *siehe*
    Zitronenbirne
Spänling *siehe* Spillinge
Sparbirne *siehe*
    Frauenschenkel
Speierling 151
Spillinge 122, 126, 127, 135
Spitzpfirsich *siehe*
    Venusbrust
Spitzrabau 32
Stachelbeeren 68, **74**, 75, 79
Stair's Pear *siehe*
    Williams Christbirne
Stanzer Zwetschke 129
Sternapfel 48, **50**, 51
Sternapi *siehe* Sternapfel
Stromberger Pflaume 63
Stuttgarter Gaishirtle **100**, 101
Stuttgarter Russelet *siehe*
    Stuttgarter Gaishirtle
Sumfleths Frühe Bunte 115

T
Téton de Vénus *siehe*
    Venusbrust
Theodor Reimers 78
Thornless Evergreen 78
Tränen-Muskateller 48
Trankapfel *siehe*
    Trierer Weinapfel
Trauben *siehe* Weintrauben
Trierer Weinapfel **52**, 53
Trockener Martin 108

U
Ungarische Beste 66

V
Venusbrust **64**, 65
Vereinsdechantsbirne 109
Verte-longue panachée *siehe*
    Schweizerhose
Vier auf ein Pfund 13
Viktoriapflaume *siehe*
    Königin Viktoria
Violette de Bordeaux **138**, 139
Virginischer Rosenapfel 92

W
Wachauer Marille 63, 66
Wahre Gute Luise *siehe* Gute
    Luise von Avranches
Waldviertler Kriecherl 135
Walnüsse **148**, 149, 150, 154,
    155
Wangenheims
    Frühzwetsche 85
Wassenberger Sämling 67
Weidenberger Spindling 135
Weihnachtsapfel *siehe* Rote
    Sternrenette
Weinapfel *siehe* Trierer
    Weinapfel
Weinbergpfirsich *siehe* Roter
    Weinbergpfirsich
Weinling *siehe* Kriechen
Weintrauben **136**/**137**, 150
Weiße Ananas 78
Weiße Herzkirsche 121
Weiße Himbeere **76**, 77
Weiße Kaiserliche **70**, 71
Weiße Maulbeere 147

Weiße Spanische 121
Weiße Triumphbeere 79
Weiße Versailler 71
Weißer Klarapfel *siehe*
    Klarapfel
Weißer Transparentapfel *siehe*
    Klarapfel
Weißer Winterkalvill **54**, 55
Weißer Wintertaubenapfel 92
Weißes Seidenhemdchen 57
Weißfrüchtige Himbeere *siehe*
    Weiße Himbeere
Wedersche Glaskirsche 120
Whinham's Industry 79
Whitesmith 79
Wilde Marille **58**/**59**, 66
William IV. *siehe* Gute Luise
    von Avranches
Williams' Bon Chrétien *siehe*
    Williams Christbirne
Williams Christbirne **102**, 103
Winterapothekerbirne **104**, 105
Winterchristenbirne *siehe*
    Winterapothekerbirne
Winterdechantsbirne 109
Wintergoldparmäne *siehe*
    Goldparmäne
Wohlriechender Spilling *siehe*
    Gubener Spilling
Würgebirne 92
Württemberger Aprikose *siehe*
    Aprikose von Nancy
Würzburger Goldquitte 150
Würzburger Zitronenbirne
    siehe Zitronenbirne

Z
Zabergäurenette 92
Zibarte 122, 126
Ziberl 126
Zyberli *siehe* Zibarte
Zimterdbeere 73
Zimtrenette 19
Zitronenbirne 92, **106**, 107
Zwetschgen 122, 126, **128**,
    129, 134, 135, 154, 155,
    165–166
Zwispitz 126

Sofia Blind, geboren 1964, lebt als Autorin, Literaturübersetzerin und Gärtnerin im Lahntal. In ihrem historischen Garten pflegt sie über dreißig Obstbäume – seltene alte Sorten wie Champagnerrenette, Schöner aus Bath oder Große Grüne Reneklode, aber auch ungewöhnliche Obstarten wie Maulbeere, Kaki und Brustbeere. Bei DuMont erschien zuletzt ihr Buch *Wörter, die es nicht auf Hochdeutsch gibt* (2019), außerdem übersetzt sie u. a. die Werke von John Lewis-Stempel und Nigel Slater ins Deutsche.

Die Staatsbibliothek zu Berlin – Preußischer Kulturbesitz
ist ein Zentrum der Literaturversorgung und eine der bedeutendsten Bibliotheken weltweit. Im Jahr 1661 als »Churfürstliche Bibliothek zu Cölln an der Spree« gegründet, umfassen ihre Bestände heute mehr als elf Millionen Druckschriften, eine ständig wachsende Zahl an elektronischen Ressourcen sowie umfangreiche Sondersammlungen mit oft unikalen Materialien, wie zum Beispiel Musikautographe, abendländische und orientalische Handschriften, Inkunabeln, Rara (seltene und kostbare Bücher), Karten und historische Zeitungen. Als Archivbibliothek hat sie in ihren beiden Häusern – Unter den Linden und am Kulturforum – den Auftrag, nationales und Weltkulturerbe zu sammeln und dauerhaft zu bewahren.
www.staatsbibliothek-berlin.de

Erste Auflage 2020
© 2020 DuMont Buchverlag, Köln
Alle Rechte vorbehalten

In Zusammenarbeit mit der

Mit einem Beitrag von Katrin Böhme

Verlagskoordination: Vera Maas
Mitarbeit: Timea Wanko
Lektorat: Christine Fellhauer
Umschlag und Layout: Birgit Haermeyer
Satz: Hilde Knauer
Repro: PPP Pre Print Partner, Köln
Druck und Verarbeitung: DZS-Grafik, Ljubljana

Printed in Slovenia
ISBN 978-3-8321-9988-3
www.dumont.buchverlag.de